Pascale Lamm
Birgit Kaufmann

Morgen, Kinder, wird gebastelt!

Kreativideen zum Wartezeitverkürzen, Schenken und Naschen

Inhalt

Kapitel 1
Ach, wärs doch schon soweit!

Kapitel 2
Oh, Tannenbaum ...

Kapitel 3
Leckermäulchen

Kapitel 4
Das schenk ich dir!

Tipps & Tricks zum Basteln

Wichtig!

Viele Bastelarbeiten kannst du schon ganz alleine machen. Wenn aber z. B. Heißkleber, Cuttermesser oder Backofen ins Spiel kommen, solltest du dir besser von einem Erwachsenen helfen lassen!

Bevor es losgeht

Decke deinen Arbeitsplatz am besten mit alten Zeitungen oder einer abwaschbaren Tischdecke ab! Zieh dir alte Kleidung oder einen Malkittel an, damit auch deine Kleidung vor Farb- oder Klebstoffflecken geschützt ist.

Dein Material

Bleistifte, Spitzer, Radiergummi, Lineal

sollten beim Basteln immer bereitliegen.

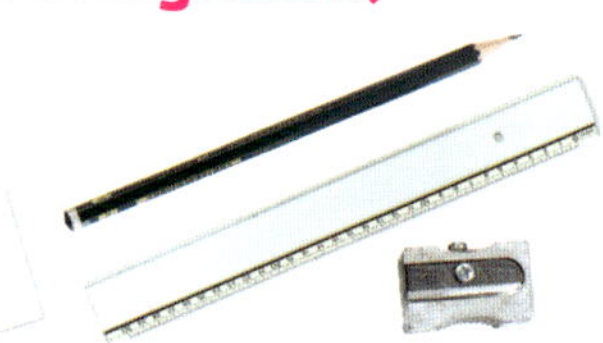

Scheren

Für Papier oder dünne Pappteile verwendest du am besten eine normale Bastelschere. Für kleine Teile eignet sich eine Nagelschere besonders gut. Wenn du Filz oder Stoff zuschneiden willst, machst du das am besten mit einer speziellen Stoffschere. Erwachsene Helfer können dir besonders knifflige Teile auch mit einem Cutter schneiden.

Festes Transparentpapier oder Butterbrotpapier

zum Übertragen der Vorlagen.

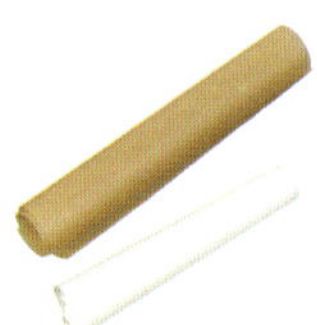

Acryl- oder Wasserfarben

Um mit diesen Farben zu malen, solltest du dir auch ein Glas mit Wasser sowie verschiedene Haar- und Borstenpinsel bereitstellen. Auf einem Pappteller kannst du die Farben besonders gut mischen!

Bunt- und Filzstifte

Damit kannst du Gesichter aufmalen, Ränder schattieren oder Muster aufzeichnen. Für Holz verwendest du am besten wasserfeste Filzstifte! Mit einem weißen Lackstift kannst du Lichtpunkte aufmalen.

Küchenrolle, alte Lappen und Co.

Du solltest immer ein paar Blätter Küchenrolle oder alte Lappen parat haben, falls doch mal Farbe oder Klebstoff daneben gehen!

Klebstoff

Einfaches Papier kannst du mit einem Klebestift zusammenkleben. Für alles andere sind Alleskleber oder Kraftkleber sinnvoll. In Ausnahmefällen kommt auch die Heißklebepistole zum Einsatz.

So geht's

Vorlagen übertragen

1 Lege einen Bogen festes Transparentpapier auf die Vorlage und zeichne mit einem Bleistift die einzelnen Linien nach.

2 Wende das Transparentpapier, platziere es auf dem jeweiligen Fotokarton und fahre die Linien erneut nach. Nun kannst du die Vorlage deutlich erkennen und sorgfältig ausschneiden!

Schablonen herstellen

Manche Teile musst du mehrmals ausschneiden, z. B. Sterne oder Herzen. Dann ist es sinnvoll, eine Schablone herzustellen: Pause die Vorlage auf festes Transparentpapier ab und schneide sie aus. Wenn deine Schablone noch stabiler sein soll, klebe sie auf Fotokarton und schneide sie dann erneut aus.

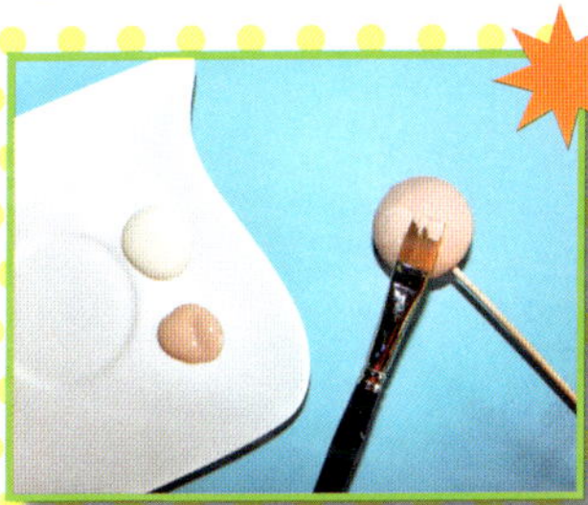

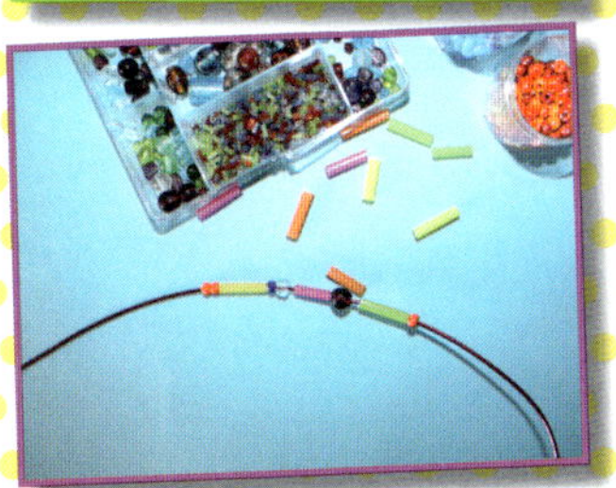

Material bemalen

Kugeln steckst du zum Bemalen am besten auf ein Schaschlikstäbchen, dann lassen sie sich leichter anmalen. Zum Trocknen stellst du die Stäbchen dann einfach in ein Glas.

Manchmal ist es sinnvoll, das Material vor dem bunten Anstrich noch weiß zu grundieren, damit leuchten die Farben später besser. Streiche das Material dazu zunächst lückenlos mit weißer Acrylfarbe an. Trocknen lassen und dann den farbigen Anstrich vornehmen.

Je größer die Fläche ist, die du bemalen möchtest, desto dicker darf auch der Pinsel sein. Für die meisten Dinge sind Haarpinsel gut geeignet. Wenn du allerdings Farbe auftupfen möchtest, nimm lieber einen Borstenpinsel.

Viele Farben kannst du aus den Grundfarben auch selber mischen.
Das ist besonders praktisch, wenn du nur kleine Mengen einer Farbe brauchst.

Teile zusammenkleben

Streiche die Teile, die du verbinden möchtest, mit Klebstoff ein und lass diesen kurz antrocknen. Dann drückst du die Teile zusammen. Falls Kleber hervorquillt, kannst du ihn mit einem Lappen oder einem Wattestäbchen abwischen.

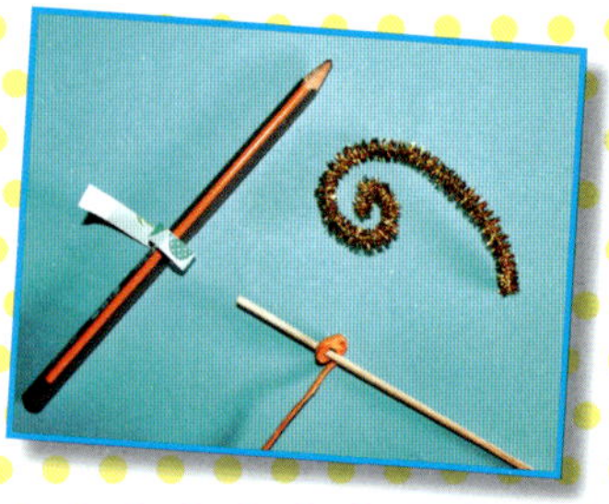

Draht und Papier kringeln

Wickle das Drahtstück oder den Papierstreifen eng um ein Schaschlikstäbchen oder einen Stift. Danach kannst du den Kringel noch ein wenig in Form ziehen.

Ränder schattieren

Nimm einen Buntstift, der dunkler ist als dein Fotokarton. Auf rotem Papier verwendest du z. B. einen dunkelroten Stift. Male zunächst mit Druck den Rand nach, dann malst du mit weniger Druck etwas zur Mitte hin.

Gesichter aufmalen

1 Male die Gesichterlinien mit Filzstiften auf.

2 Die Wangen rötest du mit einem Buntstift. Du kannst sie entweder mit wenig Druck aufmalen oder vorsichtig mit einem Messer etwas von der Spitze abreiben und den roten Staub mit deinem Finger auf den Wangen verteilen.

3 Wenn du magst, kannst du an Augen und Nase Lichtpunkte mit einem weißen Lackstift anbringen. So wirken die Augen noch lebendiger.

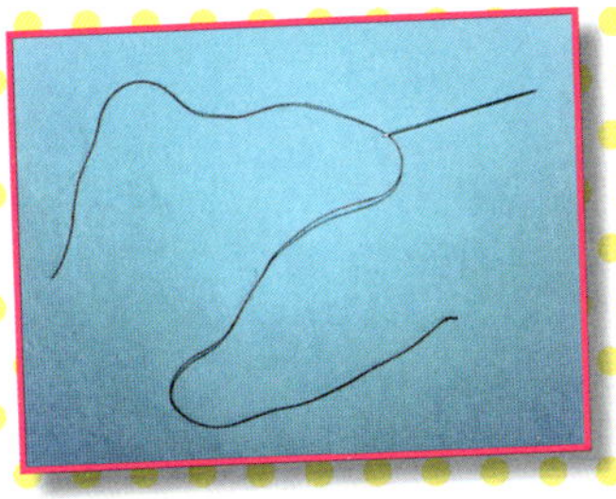

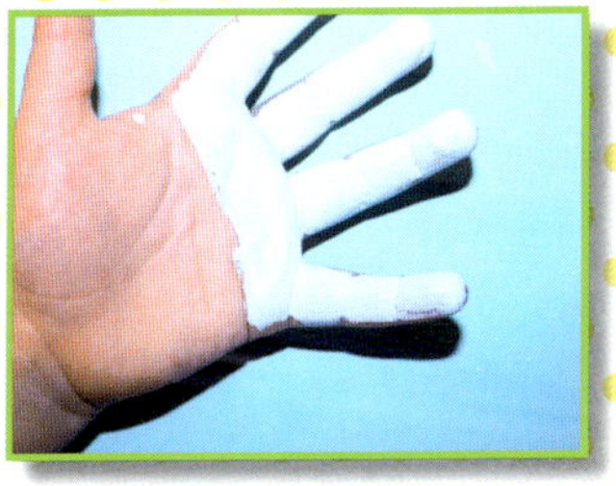

Nähen

Manchmal wird beim Basteln auch genäht!

Dazu kannst du z. B. einen ganz einfachen Geradstich verwenden:

1 Verknote das eine Fadenende und fädle das andere durch das Nadelöhr.

2 Stich von unten nach oben durch alle Stofflagen, die du zusammenheften möchtest.

3 Einen Zentimeter weiter stichst du dann die Nadel von oben nach unten durch den Stoff und so weiter.

4 Am Ende vernähst du den Faden mit einigen Stichen an derselben Stelle. Fertig!

Ach, wär's doch schon so weit!

Ideen zum Spielen und Wartezeitverkürzen in der Vorweihnachtszeit

Kuschelige Spieldecke

Reise ins Winterwunderland

Material:

- Baumwollstoff in Weiß und in Türkis mit weißen Punkten, 1 m x 1,2 m
- Vlies zum Einnähen, 1 m x 1,2 m
- Stoffmalfarbe in Grün, Hellgrün, Braun, Hellbraun, Rot, Rosa, Hellblau, Gelb, Gold, Schwarz und Weiß
- Plusterfarbe in Weiß, Glitzerweiß und Glitzergold
- Küchenschwamm, 8 cm x 5 cm
- Moosgummi, A4
- Graupapperest
- Pappteller
- breiter Borstenpinsel
- feiner Haarpinsel
- Stecknadeln
- Schere

Vorlagen Seite 116

1 Decke deinen Arbeitstisch mit einer abwischbaren Tischdecke oder alten Zeitungen ab!

2 So stellst du die Stempel für deine Decke her: Übertrage die Vorlagen auf Moosgummi und schneide sie aus. Klebe sie anschließend auf einen Streifen aus Graupappe und knicke diesen um, damit du einen guten Griff zum Stempeln hast.

3 Gib die verschiedenen Farben auf den Pappteller. Du kannst die Stempel direkt in die Farbe tauchen oder sie mit dem breiten Pinsel bemalen.

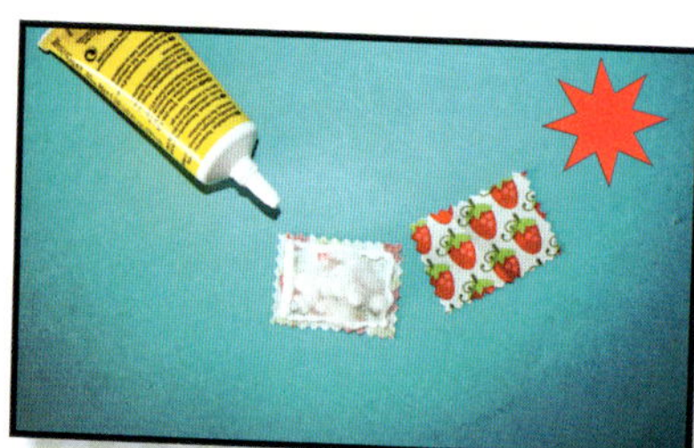

4 Beginne mit dem Weg: Tauche den Küchenschwamm in die braune Farbe und drucke die Pflastersteine auf den weißen Stoff.

5 Stemple auch Häuser, Bäume, Sterne usw. auf den Stoff. Die Tiere malst du am besten mit dem feinen Pinsel auf. Nach dem Trocknen kannst du alles mit Plusterfarben verzieren.

6 Bitte einen Erwachsenen, dir deine Spieldecke zusammenzunähen. Legt den bedruckten und den türkisen Stoff rechts auf rechts und Kante auf Kante genau aufeinander, darauf kommt noch die Vlieseinlage. Dann alles mit Stecknadeln fixieren.

7 Die Ränder der Decke füßchenbreit absteppen, dabei eine Wendeöffnung von ca. 25 cm stehen lassen.

8 Dreht die Decke auf die „schöne" Seite und zupft sie gerade. Bitte deinen Helfer noch einmal um die Decke herumzunähen und die Wendeöffnung zu schließen. Schnapp deine Spielfiguren und los geht's ins Winterwunderland!

TIPP

Für die Tiere und für feinere Linien sind auch Stoffmalstifte gut geeignet! Alternativ zum Stoff kannst du auch eine Fleecedecke verwenden, die du im Handel bekommst. Du musst sie dann vor dem Bemalen und Bedrucken nur noch waschen!

Wunschzettel-briefkasten

Platz für wichtige Weihnachtspost

Material:

- Pappschachtel, 15 cm x 10 cm x 7,5 cm
- Acrylfarbe in Weiß, Schwarz und Mittelgelb
- breiter Borstenpinsel
- feiner Haarpinsel
- Schere

Vorlagen Seite 117

1 Soll deine Pappschachtel farbig oder beschriftet sein, dann grundierst du sie zunächst mit dem breiten Pinsel und weißer Acrylfarbe.

2 Sobald die weiße Farbe getrocknet ist, malst du deine Schachtel gelb an.

3 Lass die Schachtel erneut trocknen und übertrage anschließend das Postlogo mithilfe der Vorlage.

4 Male das Postlogo mit dem feinem Haarpinsel und schwarzer Acrylfarbe aus.

5 Schreibe mit schwarzer Acrylfarbe und dem feinen Haarpinsel „Wunschpost" auf die Längsseite der Pappschachtel.

6 Schneide noch mit der Schere einen 14 cm langen und 1 cm breiten Briefschlitz in die Schachtel. Fertig!

TIPP

Mit diesem Briefkasten wird dein Wunschzettel sicher nicht übersehen!

Filzbaum zum Schmücken

Für die ganze Adventszeit

Material:

- Filz in Grün, 4 mm stark, 30 cm x 40 cm
- Filzreste in Braun, Weiß, Rot, Pink und Gelb, 4 mm stark, 6 cm x 12 cm
- Plusterfarbe in Glitzerrot und Glitzergold
- raues Klettband, 1,5 cm breit, 14 cm lang
- Textilkleber
- Stoffschere

Vorlagen Seite 117

SPIELIDEE

Male auf einen Holzwürfel die Formen für den Baumschmuck. Auf die beiden übrigen Seiten malst du ein „x“ und ein Geschenk. Wer eine der Formen würfelt, darf den entsprechenden Schmuck an den Baum heften. Bei „x“ müsst ihr aussetzen und beim Geschenk dürft ihr nach Belieben den Baum schmücken!

1 Schneide aus dem grünen Filz einen großen Tannenbaum aus und klebe mit Textilkleber einen Stamm aus braunem Filz an den unteren Rand.

2 Übertrage die Sterne, Herzen, Zukkerstangen und Kugeln mithilfe der Vorlagen auf den restlichen Filz und schneide alles sorgfältig aus.

3 Verziere die Formen nach Belieben mit den Glitzerfarben. Lass alles gut trocknen!

4 Scheide das Klettband in verschiedene kleine Stücke, die jeweils etwas kleiner sind als deine Sterne, Herzen, etc.

5 Klebe die Kletterverschluss-Stücke mit Textilkleber auf die Rückseite deiner kunterbunten Baumdekoration. Sobald der Kleber getrocknet ist, kannst du dich ans Werk machen und deinen Weihnachtsbaum festlich schmücken!

Kunterbunte Nikolausstiefel

... nicht nur für brave Kinder!

Material:

- 2 Filzplatten in Türkis oder Pink und Rosa, 1 mm stark, A4
- verschiedene Webbänder, 2 cm breit
- T-Shirt-Transferfolie, A5
- Baumwollstoffrest in Weiß
- Drucker
- Textilkleber
- Stickgarn in Weiß, ca. 1 m lang
- Sticknadel

Vorlagen Seite 118

1 Such dir ein Foto aus, das du auf deinen Stiefel kleben möchtest und drucke es auf die Transferfolie. Bestimmt kann ein Erwachsener dir dabei helfen!

2 Schneide das Foto in eine Form, die dir gut gefällt. Bitte deinen Helfer, das Foto auf den weißen Stoffrest zu bügeln.

3 Schneide das aufgebügelte Bild nochmals mit einem 5 mm breiten Stoffrand aus.

4 Übertrage die Stiefelvorlage auf die beiden Filzplatten, einmal davon seitenverkehrt. Schneide sie sorgfältig aus. Beachte: Wenn du den rosa Stiefel machen willst, schneidest du die Stiefelspitze in einer anderen Farbe aus.

5 Klebe die Bänder und das Foto mit Textilkleber auf die Vorderseite des Stiefels. Lass alles gut trocknen!

7 Klebe mit Textilkleber eine Schlinge aus einem 15 cm langen Webbandstück in die Stiefelöffnung.

8 Lege nun beide Stiefelteile genau aufeinander und nähe mit der Sticknadel und dem Stickgarn einmal herum. Oben natürlich offen lassen! Nun kannst du deinen Stiefel aufhängen!

TIPP

Wenn du den Stiefel verschenken möchtest, klebe ein Foto vom Empfänger auf, dann weiß dieser sofort, dass das Geschenk für ihn ist! Du kannst den Stiefel auch mit Knöpfen oder Glitzerstiften verzieren, ganz wie du magst!

Schneemann-Tennis

Toller Spaß für drinnen und draußen

Material:

- 2 Pappröhren (z. B. von Küchenrollen)
- 4 Pappteller in Weiß, ca. 23 cm
- 2 Bögen Klopapier, A4
- Masking Tape in verschiedenen Farben
- Filz- oder Buntstifte in verschiedenen Farben
- Fotokartonrest in Orange
- Bürohefter
- Luftballons in Weiß
- Schere

Vorlagen Seite 117

1 Beklebe die Pappröhren mit dem weißen Papier. Du kannst die Pappröhren auch mit verschiedenen Masking Tapes verschönern oder sie bunt bemalen. Ganz wie es dir gefällt!

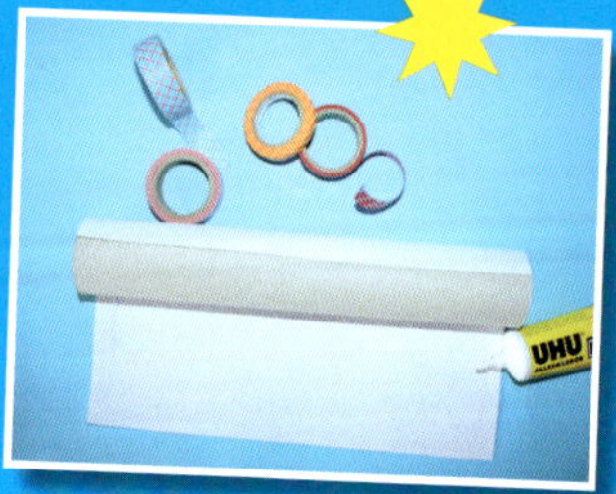

2 Schneide zwei Karottennasen aus dem Fotokartonrest aus und klebe sie in die Mitte auf die gewölbte Seite zweier Pappteller.

3 Male mit Filz- oder Buntstiften ein lustiges Gesicht auf.

4 Nun kannst du deine Schneemannschläger zusammenbauen: Drücke dazu je ein Ende der Papprollen flach und lege es zwischen einen bemalten und einen weißen Pappteller.

5 Fixiere die Teller und die Papprolle mit dem Bürohefter.

6 Noch schnell die Luftballons aufpusten und los geht's mit dem Winter-Tennis!

Mühle im Säckchen

Brettspiel – auch für unterwegs

Material:

- Wollfilz in Grau meliert, 21 cm x 30 cm
- Wollfilzreste in Hellgrün und Dunkelgrün
- Textilband, 8 mm breit, 80 cm lang
- Textilband, 1 cm breit, 70 cm lang
- Nähgarn in Weiß, ca. 3,5 m lang
- Stickgarn in Dunkelrot, ca. 1,2 m lang
- Nähnadel
- Sticknadel
- Stecknadeln
- Alleskleber
- Stoffschere

Vorlagen Seite 119

1 Schneide aus dem grauen Filz einen Kreis (ø 21 cm) aus. Vielleicht bittest du einen Erwachsenen um Hilfe.

2 Zerschneide das dünnere Textilband in vier 15 cm lange und vier 5 cm lange Streifen, das dickere Band in vier 10,5 cm lange und vier 7 cm lange Streifen.

3 Ordne die Textilbänder wie auf dem Foto auf dem Filzkreis an und befestige sie mit Stecknadeln. Falte die Schnittkanten der Bänder nach innen und stecke sie fest, damit sie nicht ausfransen.

4 Nähe die Bänder mit einem Saumstich an den Filzkreis: Stich mit der Nähnadel und dem weißen Garn in den Rand des Textilbandes und in den Filz. Führe die Nadel nach oben heraus, noch ehe du die Filzplatte durchstochen hast. So nimmst du nur einige Gewebefäden vom Filz mit der Nadel auf und die Naht bleibt fast unsichtbar. Fertig? Dann entferne alle Stecknadeln.

5 Umnähe mit dem roten Garn und der Sticknadel den kompletten Filzkreis mit einem Heftstich: Halte 5 mm Abstand zum Rand und stich in gleichmäßigen Abständen aus und ein. Wichtig: Am Anfang von außen einstechen und den Faden zum Schluss außen wieder herausführen – nur so funktioniert später der Schließmechanismus des Säckchens!

6 Schneide vier 2 cm breite Dreieckchen aus dem grauen Filz aus und klebe jeweils zwei Ecken als Fadenstopper mit Alleskleber beidseitig um ein rotes Fadenende.

7 Schneide zwölf graue sowie sechs hellgrüne und sechs dunkelgrüne Filzkreise (ø je 1,5 cm) aus. Klebe die hell- und die dunkelgrünen Kreise mit Alleskleber auf die grauen Kreise. Fertig sind deine Spielsteine. Viel Spaß beim Spielen!

TIPP

Genug gespielt? Dann lege die Steine auf dein Spielbrett, ziehe an den roten Fäden und schon ist alles im Säckchen.

Meisenglocke

Futter für hungrige Vögel

Material:

- Tontopf mit Loch, ø 7 cm
- Stöckchen, 20 cm lang
- Spitzenband in Elfenbein, 15 cm lang
- Acryllack in Elfenbein, Metallic-Gold und Türkis
- mittelbreiter Borstenpinsel
- dünner Haarpinsel
- Klebeband
- Vogelfutter, 50 g
- Pflanzenfett, 50 g
- Kochtopf
- Löffel

1 Grundiere den Tontopf mit dem Borstenpinsel in Elfenbeinweiß. Lass die Farbe gut trocknen.

2 Verziere dein Töpfchen mit dem feineren Haarpinsel mit goldenen Punkten oder mit anderen hübschen Mustern.

3 Willst du auch das Stöckchen farbig gestalten? Dann wähle eine Farbe aus, z. B. Türkis, und trage sie mit dem Borstenpinsel auf.

4 Verknote die beiden Enden des Spitzenbandes zu einer Lasche. Fädle das Band von innen durch das Loch im Tontopf, sodass der Knoten im Tontopf bleibt und nur die Lasche herausschaut.

5 Schiebe auch das Stöckchen durch das Loch im Tontopf. Lass es oben noch einige Zentimeter herausragen. Dichte das Loch im Topf von innen mit Klebeband ab.

6 Schmilz das Fett in einem Kochtopf und verrühre es mit dem Vogelfutter. Wenn die Vogelfutter-Fett-Mischung langsam erstarrt, fülle sie mit einem Löffel in deinen bemalten Tontopf. Das Stöckchen sollte dabei in der Mitte des Tontopfes stehen!

7 Ist die Vogelfutter-Fett-Mischung fest? Dann hänge deine Meisenglocke draußen auf.

Weihnachtskronen

Lustige Kostüme zum Verwandeln

Material:

- Transparentpapier in Rot, 50 cm x 70 cm
- Füllwatte
- Rolle Krepppapier in Orange
- Plakatkartonrest in Neongelb
- Fotokartonrest in Gold
- Klebefilm
- Fotokarton in Gold (beidseitig), 50 cm x 70 cm
- doppelseitiges Klebeband
- Alleskleber
- Schere

Vorlagen Seite 118

Weihnachtsmann

1 Schneide ein Dreieck (70 cm x 60 cm x 60 cm) aus dem roten Transparentpapier aus. Für einen schicken Knitterlook knülle das Papier kurz zusammen und streiche es grob wieder glatt.

2 Lege die gleichlangen Seitenkanten aufeinander. Knicke an einer Kante einen 2 cm breiten Streifen ab, bestreiche ihn mit Alleskleber und drücke ihn auf die andere Kante des Dreiecks.

3 Sobald der Kleber vollständig getrocknet ist, kannst du die Mütze etwas zurechtrücken.

4 Befestige Wattereste mit doppelseitigem Klebeband rund um den Mützensaum und ganz oben am Zipfel.

Engel

1 Schneide das Krepppapier in drei 5 cm breite Streifen und flechte sie zu einem langen Zopf. Lass die letzten 25 cm am Ende der Streifen ungeflochten.

2 Lege den Krepppapierzopf wie einen Kranz um deinen Kopf und fixiere die Enden mit Klebefilm.

3 Schneide aus dem neongelben und aus dem goldenen Karton drei größere Sterne und einen etwas kleineren Stern aus.

4 Klebe die großen Sterne mit doppelseitigem Klebeband an die Stirnseite des Kranzes. Mit dem kleinen Stern kannst du hinten den Klebefilmstreifen verdecken.

Rentier

1 Schneide aus dem goldenen Karton einen 8 cm breiten und 60 cm langen Streifen aus. Lege den Streifen wie eine Krone um deinen Kopf, lass die Enden etwas überlappen und klebe sie mit doppelseitigem Klebeband zusammen.

2 Schneide das Geweih zweimal nach Vorlage aus und knicke die überstehenden Haftflächen um. Befestige die Geweihhälften mit doppelseitigem Klebeband an der Krone.

Schneebälle & Schneemann

Winterlicher Spaß für drinnen

Material:

- Graupappe, 2 mm stark, A2
- Graupappe, 1 mm stark, A3
- Wollfilz in Weiß, A2
- Wollfilz in Türkis, 35 cm x 5 cm
- Baumwollstoff in Rosa mit Blümchen, ca. 60 cm x 40 cm
- Filzreste in Violett, Orange, Hellgrün, Schwarz, 1 mm stark
- schmales Band in Hellblau, 80 cm lang (für den Schal)
- 3 Knöpfe in Rot mit Rosen
- Klettband, weiche Seite, in Weiß, 1,7 m lang
- Klettband, weiche Seite, in Rosa, 60 cm lang
- 3 Klettbänder, raue Seite, in Weiß, 50 cm lang
- 3 Styropor®-Kugeln, ø 7 cm
- Buntstifte in Schwarz und Rosa

Vorlagen Seite 118

1 Zeichne auf die dicke Pappe einen großen Schneemann und schneide ihn aus. Schneide aus der dünneren Graupappe den Hut nach Vorlage aus.

2 Klebe mit Alleskleber den weißen Filz auf die Schneemannform und schneide die überstehenden Filzränder sorgfältig ab.

3 Beklebe den Hut mit dem rosa Baumwollstoff und schneide die überstehenden Ränder ab. Befestige den Hut mit Alleskleber am Kopf deines Schneemanns. Klebe noch den türkisfarbenen Filzstreifen als Hutkrempe an!

4 Schneide alle übrigen Teile der Vorlage nach aus Filz aus und klebe sie auf. Die Ilexblätter klebst du zusammen mit den Knöpfen an die Hutkrempe. Ergänze Mund und Wangen mit Buntstiften.

5 Klebe die weichen Klettbänder auf deinen Schneemann: das rosafarbene Band an den Hut und die weißen Bänder auf den runden Bauch.

6 Jetzt noch die „Schneebälle"! Klebe das raue weiße Klettband auf die Styropor®-Kugeln. Zuerst ein 23 cm langes Stück rundherum, dann ein 22 cm langes Stück quer dazu und zum Schluss noch zwei 10 cm lange Stücke in die Lücken. Los geht die lustige Schneeballschlacht!

Fühlsäckchen

Kennst du dich aus im Weihnachtshaus?

Material:

- Baumwollstoff in Rot mit Röschen, 28 cm x 64 cm
- Nähgarn in Rot
- Nähnadel
- Stecknadeln
- 2 Schrägbänder in Rot, 2 cm breit, 24 cm lang
- 2 Kordeln in Gold, 65 cm lang
- Sicherheitsnadel
- Glitzerkartonrest in Gold

1 Lege den Stoff auf die „schöne" Seite und falte ihn an beiden schmalen Kanten je zweimal 1 cm nach innen. Diesen Saum steckst du mit Stecknadeln fest oder ein Erwachsener bügelt ihn fest.

2 Nähe den Saum mit einem Heftstich und dem roten Garn fest oder bitte einen Erwachsenen, ihn an der Nähmaschine zu nähen.

3 Drehe deinen Stoff auf die „schöne" Seite. Nun näht ihr ein Schrägband auf die schmalen Kanten. Näht dabei ganz nah an den Rändern des Bandes, damit die Kordel später gut durch den „Tunnel" passt!

4 Lasst jeweils links und rechts noch einen Abstand zum Stoffrand!

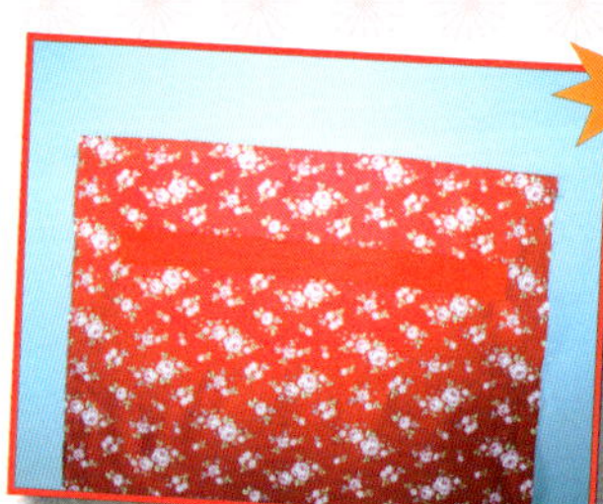

5 Legt die schmalen Stoffseiten aufeinander, damit die „schöne" Stoffseite innen ist. Näht die beiden langen Kanten ab. Umkrempeln und fertig ist das Säckchen!

6 Mach einen Knoten in ein Ende einer Goldkordel und befestige die Sicherheitsnadel daran. Schiebe die Kordel durch den „Tunnel", zuerst von links nach rechts auf der Vorderseite und dann hinten von rechts nach links zurück. Mit der zweiten Kordel machst du es genau umgekehrt. Beide Kordelenden zusammenknoten und fertig!

7 Jetzt kann gespielt werden, allein oder auch zu mehreren: Füllt verschiedene Dinge ins Säckchen: z. B. Tannenzapfen, Kerzen, Keksausstecher usw. Augen zu, reingreifen und raten.

TIPP

Wer will, kann sein Fühlsäckchen noch verzieren und z. B. einen goldenen Glitzerstern aufkleben oder annähen. Keine Lust auf Nähen? Als Säckchen eignet sich auch ein kleiner Kissenbezug!

Schüttelbilder

Schneeflocken am Schnürchen

Material:

- Käseschachtel, rund oder oval
- Klopapier, A5
- Filz- oder Buntstifte in verschiedenen Farben
- Wachsperlen in Weiß, Hellblau und Rosa, ø 6 mm
- Nylonfaden, ca. 50 cm lang
- Nähnadel
- Pünktchenpapier in Blau oder Karopapier in Rottönen
- Alleskleber
- Schere

Vorlagen Seite 119

1 Zeichne den Umriss der Käseschachtel auf das weiße Papier und schneide die Form aus. Bestimmt musst du rundherum noch ein Stückchen abschneiden, damit das Blatt später gut in die Schachtel passt!

2 Male mit Buntstiften ein winterliches Motiv auf das zurechtgeschnittene Papier. Wenn du magst, verwende dazu die Vorlage auf Seite 119. Dann klebst du dein Kunstwerk in die Käseschachtel.

3 Fädle den Nylonfaden auf die Nähnadel, am anderen Ende machst du einen dicken Knoten. Stich die Nadel von außen nach innen durch den Schachtelrand und fädle einige Perlen auf die Schnur.

4 Stich die Nadel genau gegenüber von innen nach außen durch den Rand der Schachtel und etwa 2 cm weiter rechts wieder von außen nach innen. Nun kommen wieder ein paar Perlen dran usw. Das klingt kompliziert! Aber du kannst auf dem großen Bild genau sehen, wie die Perlenschnüre in der Schachtel verlaufen!

5 Bist du am anderen Ende der Käseschachtel angekommen? Dann vernähst du den Faden am besten mit einigen Stichen, bevor du ihn abschneidest.

6 Wenn du magst, kannst du auf die Außenseite deines Schüttelbildes noch buntes Papier kleben, damit man die Fäden nicht mehr sehen kann. Und jetzt: Auf die Plätze, fertig – es schneit!

Spannendes Angelspiel

Weißt du, wie viel Sternlein stehen?

Material:

- lufttrocknende Modelliermasse in Weiß, ca. 500 g
- 2 Keksausstecher in Sternform, verschiedene Größen
- Acrylfarbe in Gold, Rot, Orange und Gelb
- Borstenpinsel
- 20 selbstklebende Magnete, 1,5 cm x 1,5 cm
- 2 x dickeres Garn in Rot-Weiß, 25 cm lang
- 2 Rundholzstäbe, ø 8 mm, 15,5 cm lang
- 2 Ringschrauben, ø 5 mm
- 2 Holzhalbkugeln, ø 3 cm
- Masking Tape
- kleiner Karton, z. B. von Kinderschuhen
- Fotokarton mit Sternchendruck in Orange
- Fotokartonrest in Gold
- Alleskleber
- Schere

1 Rolle die Modelliermasse 5 mm dick aus. Du kannst so viele Sterne ausstechen, wie du möchtest – hier sind es 15 kleine und drei große. Lass die Sterne gut trocknen, das kann ein bis zwei Tage dauern!

2 Bemale die Sterne mit Acrylfarben. Die größeren Sterne kannst du golden bemalen. Je fünf kleinere bekommen einen gelben, roten und orangenen Anstrich. Auch die Farbe muss gut trocknen!

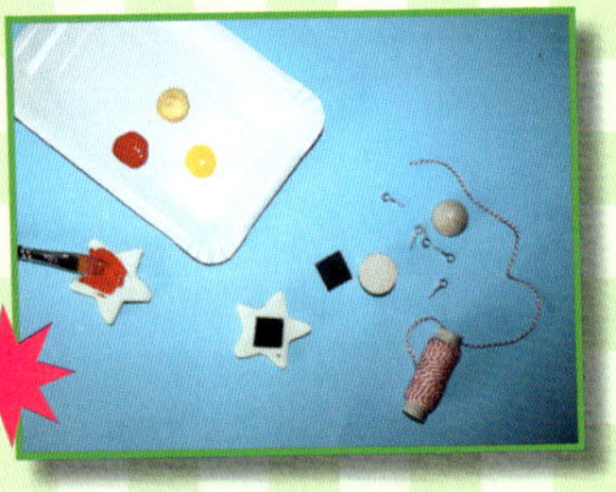

3 In der Zwischenzeit schneidest du aus dem orangenen Sternchenkarton ein Rechteck zu, das 21 cm hoch ist und lang genug, damit es um deinen Schuhkarton herumpasst. Die Enden sollten sich etwa 2 cm überschneiden, damit du sie später zusammenkleben kannst.

4 Klebe das Rechteck um den Schuhkarton. Wer will, kann das Ganze noch mit einem Stern aus Fotokarton verzieren.

5 Natürlich darf eine Angel nicht fehlen! Dafür verschönerst du die beiden Rundholzstäbe mit Masking Tape. Schraube jeweils eine Ringschraube mittig in die gewölbte Seite der Holzhalbkugel und knote ein Ende des Garns daran fest. Das andere Ende des Garns befestigst du am Stäbchen.

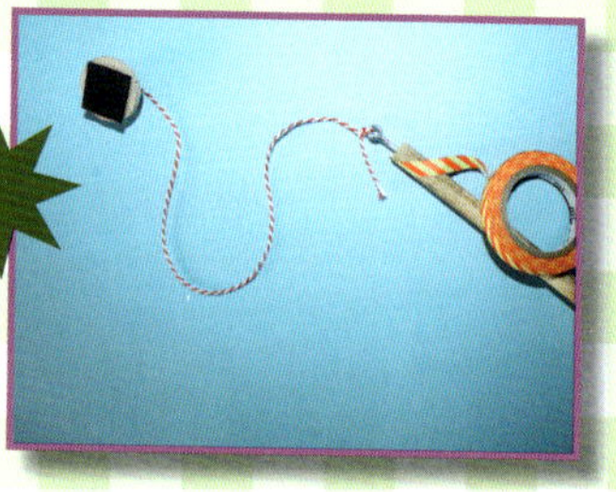

6 Nun musst du nur noch die Magnete an den Sternen festkleben und natürlich auch jeweils einen Magneten an der flachen Seite der Halbkugeln.

Glitzernde Schneekugel

Wer hat sich im Schnee versteckt?

Material:

- Einmachglas mit Schraubverschluss, 230 ml
- Schraubverschluss in Gold, ø 5,5 cm
- destilliertes Wasser, 230 ml
- Glitter in Weiß
- Dekoschnee
- Alleskleber, wasserfest
- Schleifpapier
- Reh, Fuchs oder Eichhörnchen aus Plastik, ca. 4 cm

1 Zunächst solltest du alle Flächen, die mit Kleber in Berührung kommen, mit Schleifpapier etwas anrauen. So klebt später alles richtig fest aneinander! Dazu gehören die Innenfläche des Schraubverschlusses vom Einmachglass, die Außenseite des goldenen Schraubverschlusses sowie die Standfläche deines Plastiktieres.

2 Klebe den goldenen Schraubverschluss als Sockel mit dem wasserfesten Alleskleber in den Deckel des Einmachglases.

3 Dein Tier klebst du mittig auf den goldenen Sockel.

4 Fülle das Einmachglas mit destilliertem Wasser und gibt etwas von dem weißen Glitter und dem Dekoschnee dazu.

5 Schraube das Glas fest zu und dichte es zusätzlich mit Alleskleber ab. Jetzt schütteln – juhu, es schneit!

TIPP

Hast du schon ein Weihnachtsgeschenk für deine beste Freundin oder deinen besten Freund? Über eine selbstgebastelte Schneekugel freuen sie sich bestimmt. Du kannst für jeden ein ganz persönliches Lieblingstier aussuchen!

Bunte Türschlange

Gegen Kälte und zum Spielen

Material:

- ausrangierter Strickschal
- Baumwollgarn in Lila
- Teppichnadel oder Sticknadel
- Füllwatte, ca. 400 g (je nach Größe des Schals)
- Textilkleber
- Filzreste in Rot und Weiß
- Marker in Schwarz
- Stoffschere

1 Nähe die Längsseiten des Schals mit einem Saumstich fest: Stich mit der Nadel von unten nach oben durch, führe die Nadel wieder nach unten und stich etwas versetzt erneut durch.

2 Kremple den Strickschlauch um, damit die Nähte innen liegen, und fülle ihn mit der Watte.

3 Nähe an den beiden noch offenen Seiten ca. 5 mm vom Rand entfernt jeweils mit einem Heftstich rund um die Öffnung herum. Stich dafür die Nadel ein und ein Stückchen weiter wieder aus, wieder ein, wieder aus usw. Lass dabei ein längeres Stück vom Fadenende einfach lose hängen.

4 Ziehe kräftig an beiden Fadenenden, bis sich die Öffnung zusammenschiebt und wie ein Wurstzipfel aussieht. Sind Kopf und Schlangenschwanz verschnürt, verknotest du den Faden.

5 Schneide eine rote Schlangenzunge sowie jeweils zwei große rote Ovale und zwei kleinere weiße Ovale für die Augen aus den Filzresten.

6 Klebe die weißen Ovale auf die roten und male mit dem Marker in die Mitte einen schwarzen Punkt als Pupille. Klebe die Augen an den Schlangenkopf.

7 Die Schlangenzunge schiebst du in die „Wurstzipfelöffnung" am Kopfteil und klebst sie fest. Jetzt kann sich die Schlange vor die nächste Türritze schlängeln und sorgt für mollige Wärme!

TIPP

Der ausrangierte Schal sollte mindestens so lang wie die Türritze sein!

Der Bart vom Weihnachtsmann

Ein Riesenspaß mit viel Matsch

Material:

- Spiegel, oval, ca. 30 cm x 60 cm
- Moosgummiplatte in Rot, 2 mm stark, A3
- 2 Moosgummiplatten in Weiß und Hautfarben, 1 mm stark, A3
- Moosgummirest in Pink und Grün
- wasserfester Filzstift in Schwarz
- Lackstift in Weiß
- doppelseitiges Klebeband
- Rasierschaum (extra sensitiv)
- Alleskleber
- Schere

Vorlagen Seite 120

1 Schneide die Mütze des Weihnachtsmanns der Vorlage nach aus dem roten Moosgummi aus.

2 Aus der dünneren Moosgummiplatte und aus den Moosgummiresten schneidest du alle anderen Terile der Vorlage aus.

3 Klebe alles zusammen und lass den Weihnachtsmann gut trocknen. Das kann bei Moosgummi etwas länger dauern!

4 Male mit einem wasserfesten Filzstift die Augen auf. Du kannst mit einem weißen Lackstift noch Lichtpunkte in die Augen und auf die Nase setzen.

5 Befestige den Weihnachtsmannkopf mit dem doppelseitigen Klebeband am oberen Rand des Spiegels, so, wie du es auf dem Foto sehen kannst. Und jetzt ran an den Rasierschaum! Gib einige Klekse davon auf den Spiegel, dann kannst du nach Herzenslust matschen!

Das Matschen mit dem weißen Schaum macht nicht nur jede Menge Freude, sondern hat gleichzeitig etwas unglaublich Entspannendes! Und ganz nebenbei werden auch noch deine Sinne gefördert!

TIPP

Genug gematscht? Dann kannst du den schaumigen Bart einfach wieder mit Küchenpapier vom Spiegel abwischen. Und wenn du mal wieder Lust auf Quatsch mit Matsch hast, so brauchst du nur zur Rasierschaumdose greifen und los geht's!

Schnee-kunstwerke

Den Schneemann auf den Kopf gestellt!

Material:

Für den Schneemann

- Schnee
- Schal
- Möhre
- Gummistiefel
- 2 längere Äste
- Ästchen für den Mund
- 2 Steine oder Walnüsse für die Augen

Für die Raupe

- Schnee
- 2 Ästchen für die Fühler
- 2 Steinchen für die Augen

Schneemann

1 Hast du schon mal einen Schneemann gesehen, der Kopfstand macht? Nein? Dann wird es höchste Zeit! Am besten baust du den Schneemann mit jemandem zusammen, dann geht es leichter!

2 Zuerst überlegst du dir, wie groß dein Schneemann werden soll. Dann rollst du drei Schneekugeln. Da die Schneekugeln schön schwer werden müssen, rolle sie dahin, wo dein Schneemann später stehen soll. Denk dran, dass du mit der kleinsten Kugel beginnen musst!

3 Damit die kleine Kugel die größeren auch tragen kann, ohne dass der Schneemann umfällt, musst du die Stelle zwischen Kugel und Boden gut mit Schnee befestigen.

4 Dann kannst du die mittlere Kugel auflegen. Verschließe den Spalt zwischen beiden Kugeln wieder gut mit Schnee. Genauso verfährst du mit der letzten Kugel.

5 Gestalte nun das Gesicht: Augen, Nase und Mund und binde deinem Schneemann vorsichtig den Schal um.

6 Stecke oben in den Schneemann zwei stabile Äste, darauf werden die Gummistiefel aufgespießt. Wenn du Lust hast, kannst du dem Schneemann natürlich auch noch Astarme verpassen. Ganz wie du magst. Na, gefällt er dir?

Schneeraupe

1 Diese Raupe kannst du wunderbar auf einem langweiligen Spaziergang bauen. Am besten suchst du dir einen Baumstamm oder einen Ast, auf dem sie krabbeln kann.

2 Dann formst du ca. acht bis zehn kleine Schneebälle, die Kugel für den Kopf kannst du ein bisschen größer formen.

3 Jetzt legst du die Schneebälle dicht hintereinander auf den Ast. Gib der Raupe noch ein Gesicht aus Ästen, Steinchen oder was du sonst so findest. Fertig!

TIPP

Bestimmt fallen dir noch mehr Schneekunstwerke ein. Ein Engel vielleicht? Oder eine Schneemaus?

Kreatives Krippentheater

Vorhang auf für die Weihnachtsgeschichte

Material:

Für die Stabfiguren

- Leinenstrukturpapier oder Fotokarton in Hautfarbe, Weiß, Gelb, Hellbraun, Braun, Lila, Violett, Blau, Grün, Grau und Gold
- Filz- oder Buntstifte in verschiedenen Farben
- 2 Ästchen, 7 cm lang
- 4 Holzstäbchen oder Essstäbchen
- 3 Holzwäscheklammer, 5 cm lang
- Alleskleber
- Schere

Für die Theaterbühne

- Schuhkarton, ca. 24 cm x 34 cm
- Pünktchenstoff oder -karton in Rot, passend zur Kartongröße
- Baumwollstoff oder Fotokarton mit Weihnachtsmotiv, passend zur Kartongröße
- Baumwollstoff in Rot, 4 cm x 24 cm (Vorhang) und 2 x 8 cm x 18 cm (Vorhangschals)
- 2 Häkelbordüren in Weiß, 1 cm breit, 12 cm lang
- Glitzerkartonrest in Gold

Vorlagen Seite 121

1 Übertrage alle Teile der Vorlage nach auf den entsprechenden Karton und schneide sie sorgfältig aus.

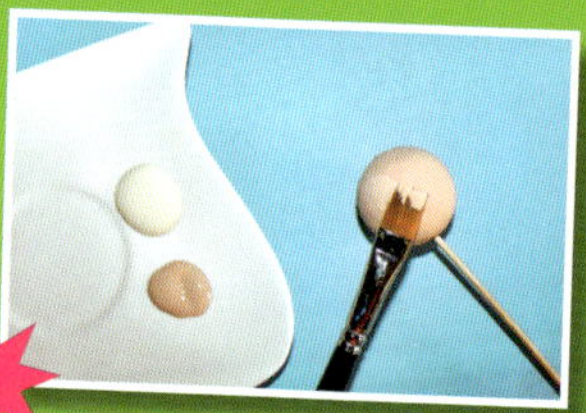

2 Male deinen Figuren mit den Buntstiften ein Gesicht. Du kannst auch die Gewänder, die Haare, das Fell der Schafe oder auch die Krippe nach Lust und Laune verzieren. Klebe die Figuren zusammen.

3 Klebe die größeren Figuren jeweils auf ein Holzstäbchen. Die kleineren Darsteller, die nicht so oft bewegt werden müssen, kannst du mit Alleskleber auf einer Wäscheklammer befestigen.

4 Damit der Schuhkarton zur Bühne wird, schneide aus dem Boden des Kartons ein 18 cm x 12,5 cm großes Rechteck heraus.

5 Beklebe die Seitenteile des Kartons mit rotem Pünktchenstoff oder -karton.

6 Die Vorderseite deines Theaters kannst du unten mit buntem Stoff oder Papier bekleben. Für den Vorhang befestigst du erst das schmale rote Stoffstück über der Bühne. Dann klebst du die beiden Vorhangschals oben fest. Binde sie mit den Häkelbordüren zusammen. Jetzt kann das Theaterstück beginnen!

Oh, Tannenbaum ...

Stimmungsvolle Weihnachtsdeko für dein Zuhause

Feuerfester Adventskranz

Advent, Advent, ein Lichtlein brennt!

Material:

- Styropor®-Ring, ø 22 cm
- 12 Wollschnüre in Grün, 1 m lang
- 4 Wollschnüre in Lila, 1 m lang
- 4 Glitzersterne in Gold, ø 3 cm
- 4 Haselnussästchen, ø 2,5 cm, 10 cm lang
- 6 Zahnstocher aus Holz
- Kastanienbohrer, ø 2 mm
- lufttrocknende Modelliermasse in Weiß
- Acrylfarbe in Gelb und Orange
- Alleskleber

1 Umwickle den Styropor®-Ring so eng wie möglich mit dem ersten Stück der lilafarbenen Wollschnur. Damit es gut hält, solltest du den Anfang der Schnur einmal mit umwickeln. Das Ende kannst du ankleben.

2 Dann sind die restlichen lila Schnüre dran. Wickle sie jeweils mit etwas Abstand zueinander um den Ring. In die Lücken zwischen der lilafarbenen Wolle wickelst du die grünen Wollschnüre.

3 Lass dir von einem Erwachsenen ca. 1,5 cm tiefe Löcher in die Aststückchen bohren: oben mittig eines und unten zwei. Bitte deinen Helfer auch, die Schaschlikspieße in zwölf 5 cm lange Stücke zu schneiden.

4 Für die Flammen formst du vier etwa 3 cm große Kugeln aus Modelliermasse. Drücke sie an einer Seite zu einer Spitze zusammen und bohre unten mit einem Zahnstocher ein Loch rein.

5 Lass die Modelliermasse gut trocknen und bemale sie mit gelber und orangefarbener Acrylfarbe. Klebe in die vorbereiteten Löcher deiner Flammen jeweils einen halben Zahnstocher.

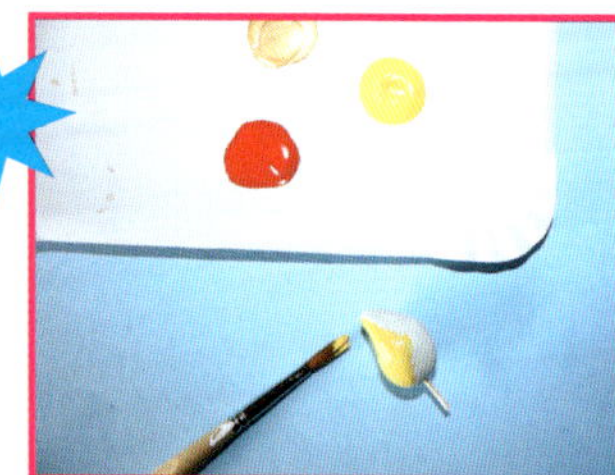

6 Klebe die restlichen acht Zahnstocherhälften in die vorgebohrten unteren Löcher der Äste – in jeden Ast zwei.

7 Stecke die Kerzen möglichst aufrecht in den Adventskranz. Danach kannst du den Kranz noch mit goldenen Glitzersternen verzieren. An jedem Adventsonntag darfst du nun eine neue Flamme aufstecken.

TIPP

Für die Flammen kannst du auch Knetmasse nehmen. Besonders echt sieht es aus, wenn du gelbe und orangefarbene Knete vermischst!

Winterliches Mobile

Weihnachtsstimmung in luftiger Höhe

Material:

- Wellkarton in Braun, A4
- Acrylfarbe in Weiß, Gelb, Gold, Gelbgrün, Olive, Türkis, Rot, Braun, Schwarz und Lila
- feiner und sehr feiner Haarpinsel
- Stöckchen, ø 1 cm, ca. 40 cm lang
- Nähgarn in Weiß, 1,5 m lang
- Nähnadel
- Schere

Vorlagen Seite 116+122

1 Übertrage die Vorlagen auf den Wellkarton und schneide die einzelnen Formen großräumig aus.

2 Grundiere die Formen sowie das Stöckchen zunächst mit weißer Acrylfarbe.

3 Sobald die Farbe trocken ist, kannst du mit der Bemalung der einzelnen Mobile-Anhänger beginnen. Dann lässt du Teile erneut gut trocknen.

4 Schneide deine Anhänger mit 5 mm Rand zur Bemalung aus, wende sie und bemale die Rückseite auf die gleiche Weise. Schritt eins: grundieren, Schritt zwei: bunt bemalen, Schritt drei: trocknen lassen.

5 Fädle die Anhänger mit der Nadel auf Nähgarn auf und knote sie an das Stöckchen. Hier hängen zwei der Sterne und der Tannenbaum einzeln. Dabei ist das Garn für den Tannenbaum 25 cm, die Garne der Sterne sind 8 cm und 17 cm lang. Das Haus und die Sternschnuppe sowie der Schneemann und ein Stern hängen jeweils an einem Garn mit 25 cm Gesamtlänge.

6 Knote die restlichen 50 cm Garn als Mobile-Aufhängung an die Außenkanten des Stöckchens.

TIPP
Das Mobile sieht besonders schön aus, wenn es frei im Raum schwebt.

Stimmungsvolle Tischdekoration

Schneemann im Einmachglas

Material:

- Einmachglas klein
- Moos
- 2 Wattekugeln, ø 2 cm und ø 1,5 cm
- 1 Zahnstocher
- Watterest in Weiß
- Wellkartonrest
- Acrylfarbe in Schwarz, Grün und Rot
- feiner Haarpinsel
- Klebefilm
- Nähgarn, 3 x 5 cm
- Nähnadel
- Alleskleber
- Schere

1 Stecke die beiden Wattekugeln mittig auf den Zahnstocher. Die kleinere Kugel dabei nicht durchstechen. Schneide die herausstehende untere Spitze so ab, dass noch 1 cm Zahnstocher aus der größeren Wattekugel hinausschaut. Hebe die Spitze auf.

2 Bemale die Zahnstocherspitze in Rot. Stecke sie in die kleinere Wattekugel, sobald die Farbe trocken ist.

3 Male dem Schneemann noch Augen und Knöpfe mit schwarzer Acrylfarbe.

4 Schneide drei Tannenbäumchen aus dem Kartonrest aus und bemale sie beidseitig in Grün. Diese Bäumchen sind ca. 6 cm, 5,5 cm und 4 cm groß.

5 Gib Alleskleber auf den Boden des Einmachglases und klebe das Moos und eine dünne Schicht Watte an Ort und Stelle fest.

6 Positioniere den Schneemann und die Tannenbäumchen und klebe sie ebenfalls fest. Stecke sie tief in das Moos, so haben sie mehr Halt.

7 Rolle Watte zwischen den Fingern zu „Schneeflocken" und fädele sie mit Nadel und Faden auf.

8 Klebe die Schneeflockenfäden mit einem kleinen Stück Klebefilm in den inneren Deckelrand des Glases. Glas verschließen! Jetzt kann die neue Tischdeko von außen bestaunt werden.

Funkelnde Kerzen

Garantiert ungefährlich!

Material:

- Leinenstrukturpapier in Rot oder Pink, pro Kerze zwei Streifen 2,5 cm x 30 cm
- Leinenstrukturpapierrest in Gelb
- Glitzerkartonrest in Gold
- Buntstifte in Orange, Braun und Weiß
- ggf. Motivlocher rund mit Wellenrand, ø 7,5 cm

Vorlagen Seite 122

1 Für jede Kerze benötigst du eine Hexentreppe. Dazu klebst du die Enden der beiden Streifen rechtwinklig zusammen, so wie du es auf dem Bild sehen kannst.

2 Falte jetzt die Streifen immer abwechselnd übereinander.

3 Die letzten beiden Stücke der Streifen verklebst du miteinander, damit sich deine Hexentreppe nicht wieder auflöst.

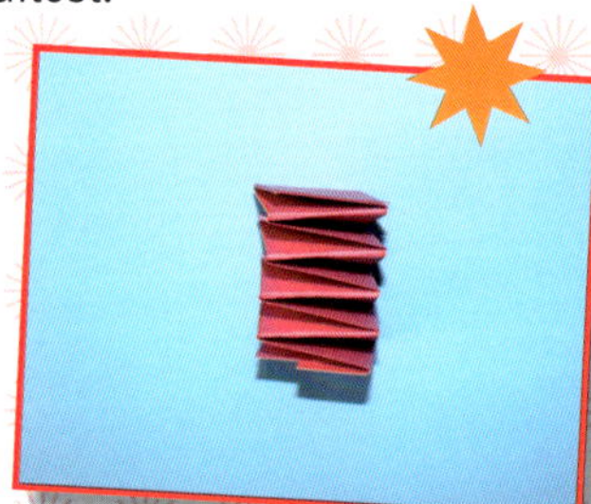

4 Schneide aus dem gelben Papier für jede deiner Kerzen eine Flamme aus und male mit dem braunen Buntstift einen Docht auf. Wenn du magst, kannst du die Ränder der Flammen noch Orange schattieren.

5 Knicke die Klebefläche der Flamme um und klebe sie an der Hexentreppe fest.

6 Schneide oder stanze Kreise aus dem goldenen Glitzerpapier, auf die du deine Kerzen kleben kannst.

TIPP

Um die Funkelkerzen an eurem Weihnachtsbaum zu befestigen, klebst du einfach an der Unterseite des Glitzerpapiers noch kleine Holzwäscheklammern an.

Lichter-Häuser

Für die festliche Weihnachtsstimmung

Material:

- Wellkarton, ca. 1,5 m x 2 m
- Rolle Klebeband
- Rolle Packpapier
- Transparentpapier in Gelb, Rosa und Grün
- Acrylfarbe in Weiß
- sehr breiter Borstenpinsel
- Lineal
- Schere
- Cuttermesser
- Klebestift
- Lichterkette

1 Bitte einen Erwachsenen um Mithilfe: Schneidet zwölf Quadrate (19 cm x 19 cm), sechs Dreiecke (2 x 19 cm breit und 21 cm hoch, 2 x 19 cm breit und 37 cm hoch, 2 x 19 cm breit und 26 cm hoch) sowie sechs Rechtecke (2 x 19 cm x 23 cm, 2 x 19 cm x 29 cm, 2 x 19 cm x 38 cm) mit dem Cuttermesser und Lineal aus Wellkarton aus.

2 Klebe die Flächen mit viel Klebeband zu drei kleinen Häusern zusammen. Pro Haus brauchst du vier Quadrate für die Hauswände sowie zwei Rechtecke und zwei Dreiecke für das Dach. Beginne mit den Hauswänden.

3 Schneidet Fenster und Dachziegel mit dem Cuttermesser ein, sobald ihr die Häuser zusammengeklebt hast.

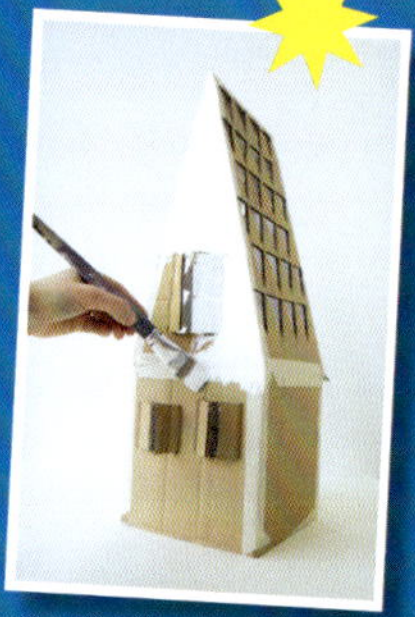

4 Grundiere die Häuser mit weißer Acrylfarbe. Klebe von innen Transparentpapier mit dem Klebestift hinter die Fenster und die Dachziegel.

5 Wenn du magst, kannst du deine Häuser noch weiter verzieren: Schneide 5 mm breite Streifen von dem Packpapier ab. Klebe sie etwas nach innen versetzt an die Kanten der Hausvorderseite. Schneide auch Dreiecke in der Größe der Dachziegel aus dem Packpapier aus und klebe sie zwischen die Ziegel.

6 Stelle die Häuser nebeneinander auf die Lichterkette. Sollten sie auf dem Kabel ins Wackeln geraten, kannst du unten kleine Einschnitte als Kabelwege machen. Jetzt steht alles sicher! Stecker rein! Was für ein Lichterzauber!

Sternen-girlande

Festliche Weihnachtsdeko

Material:

- Tonpapier in Gold, A4
- 2 x irisierendes Papier in Weiß, A4
- irisierendes Papier in Rot und Lila, A4
- Nähgarn in Weiß, ca. 2 m lang
- doppelseitiges Klebeband
- Schere

Vorlagen Seite 122

1 Übertrage die Sternvorlage auf das goldene Tonpapier sowie auf das weiße, rote und lilafarbene Papier. Schneide sechs goldene, vier lilafarbene, zwei rote und zehn weiße Sterne aus. Die Größe deiner Sterne kannst du selbst bestimmten. Hier haben sie einen Durchmesser von ca. 10 cm.

2 Nimm jeweils zwei gleichfarbige Sterne und klebe sie von beiden Seiten mit doppelseitigem Klebeband an das Nähgarn.

3 Gehe so mit allen Sternen vor, am Schluss hast du elf Sterne zur Girlande aufgereiht. Natürlich kannst du auch mehr oder weniger Sterne nehmen.

TIPP

Die Girlande schmückt auch Fenster wunderbar winterlich und sie macht sich gut als frei schwebendes Raumelement. Probiere doch einmal ein paar Stellen bei dir Zuhause aus und hänge die Girlande dort auf, wo sie dir am besten gefällt.

Knallbunte Weihnachtsboten

Kleine Becher ganz groß!

Material:

- Kinder-Joghurtbecher in Rot, Pink und Grün
- Wattekugel in Weiß, ø 3,5 cm
- Holzhalbkugel, ø 8 mm
- kleiner Ast, ca 10 cm lang
- Filzrest in Weiß und Rot
- Chenilledraht in Gold, 12 cm lang
- Pomponborte in Weiß, 15 cm lang
- Acrylfarbe in Hautfarbe
- Glitzerfarbe in Gold
- Zackenlitze in Lila, 15 cm lang
- Fotokartonrest in Pink
- Transparentpapierrest in Weiß mit Sternchen
- Plusterfarbe in Rosa und Weiß
- Lackstift in Weiß
- Filzstift in Schwarz
- schmaler Borstenpinsel
- Schere
- Alleskleber

Vorlagen Seite 122

Nikolaus

1 Bemale Watte- und Holzhalbkugel mit der hautfarbenen Acrylfarbe.

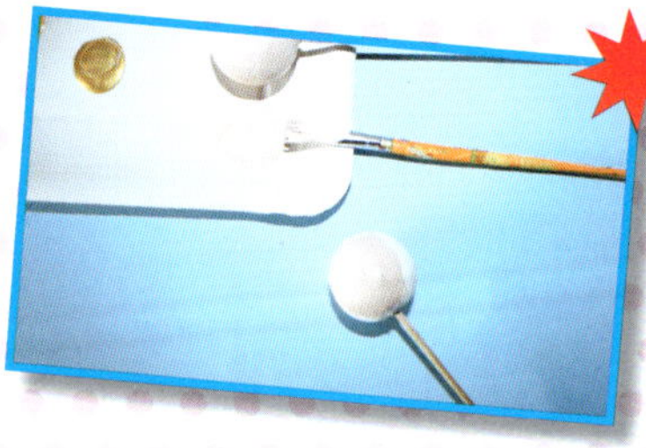

2 Schneide den Bart einmal und die Mitra zweimal der Vorlage nach aus Filz aus. Klebe die Barthälften zusammen. Auf den Bart klebst du die Holzhalbkugel als Nase. Male Augen auf die Wattekugel und setze noch Lichtpunkte. Die Mitra verzierst du mit goldener Glitzerfarbe. Lass alles gut trocknen! Klebe den Kopf auf den Joghurtbecher und befestige den Bart am Nikolauskopf.

3 Für die Mitra klebst du zuerst das hintere und dann das vordere Teil am Kopf fest. Biege ein Ende des Chenilledrahtes zu einer Schnecke und fixiere den Stab am Joghurtbecher. Den unteren Becherrand verzierst du mit der Pomponborte.

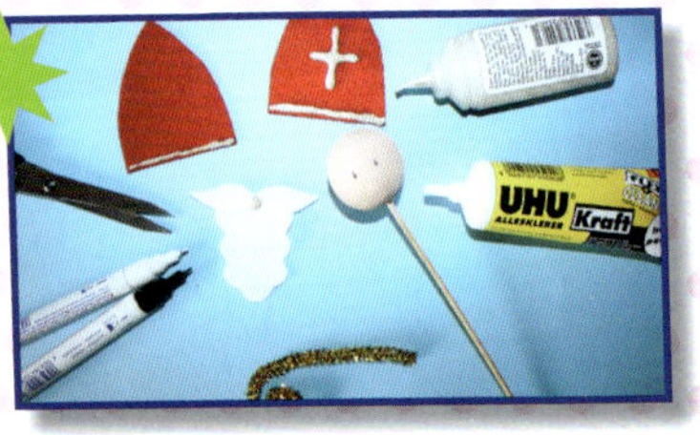

Engelchen

1 Klebe die Nase an die Wattekugel und bemale alles mit der Hautfarbe. Lass sie gut trocknen!

2 Fixiere den Kopf am Joghurtbecher. Biege die Enden jedes Chenilledrahtes zu kleinen Schnecken und klebe sie am Engelskopf als Haare fest. Male mit Filz- und Buntstiften ein Gesicht auf.

3 Die Flügel schneidest du der Vorlage nach aus Sternchenpapier aus. Befestige sie auf dem Rücken des Engelchens.

4 Klebe Zackenlitze um das Kleid und male rosa Knöpfe mit Plusterfarbe. Auf das Haar klebst du noch ein kleines Sternchen.

Weihnachtsbaum

1 Klebe drei ganze Jogurtbecher ineinander (siehe Foto). Klebe als Stamm einen ca. 10 cm langen Ast in den unteren Becher.

2 Nun kannst du den Baum nach Belieben verzieren.

Festlicher Baumschmuck

Mit filigranen Mustern edel verziert

Material:

- lufttrocknende Modelliermasse in Weiß, ca. 250 g
- Keksausstecher mit weihnachtlichen Motiven
- Häkeldeckchen oder Häkelbordüre
- Nudelholz
- Zahnstocher
- dickeres Garn in Rot-Weiß, pro Anhänger etwa 15 cm lang

1 Knete die Modelliermasse gut durch, sodass sie schön weich wird. Rolle sie dann auf einer Unterlage etwa 5 mm dick aus.

2 Lege das Häkeldeckchen bzw. die Bordüre auf die Masse und rolle nochmal kurz mit dem Nudelholz darüber, sodass sich das Häkelmuster gut darauf abzeichnet.

3 Entferne Deckchen und Bordüre. Wenn noch Stellen auf der ausgerollten Masse frei sind, kannst du den Vorgang dort noch einmal wiederholen.

4 Ist alles schön gemustert? Dann kannst du mit den Keksausstechern Formen ausstanzen. Mit einem Zahnstocher bohrst du ein kleines Loch in jedes Motiv, damit du hier später das Garn durchfädeln kannst.

5 Lass die Anhänger gut trocknen. Das dauert ein bis zwei Tage und funktioniert am besten auf einem Backblech, das du vorher mit Backpapier auslegen kannst.

6 Zum Schluss knotest du an jeden Anhänger ein Stück rot-weißes Garn fest. Jetzt kannst du deine festliche Dekoration nach Belieben aufhängen!

TIPP

Du kannst mit den Anhängern den Weihnachtsbaum schmücken oder auch einen Weihnachtsstrauß. Oder vielleicht willst du ein Geschenk besonders festlich verzieren?

Farbenfrohe Vögelchen

Paradiesvögel am Weihnachtsbaum

Material:

- Wattekugel in Weiß, ø 2,5 cm
- Watte-Ei in Weiß, ca. 2,5 x 4 cm
- Federn in Gelb, Lila, Pink oder Weiß, je 3 x 10 cm lang
- Acrylfarbe in Gelb, Lavendel, Rosa oder Grün und in Metallic-Gold
- 3 Blütenstempel in Weiß
- Fotokartonrest in Gold
- Glitzerfarbe in Gold
- Filzstift in Schwarz
- Lackstift in Weiß
- Buntstift in Rot
- schmaler Borstenpinsel
- Alleskleber
- Schere

1 Bemale das Ei und die Kugel in deiner Lieblingsfarbe und lass alles gut trocknen. Danach tauchst du einen Borstenpinsel ganz leicht in die Goldfarbe und tupfst vorsichtig über die erste Farbe, sodass sie schön schimmert.

2 Auch die Wäscheklammern kannst du mit der Goldfarbe bemalen.

3 Das Ei wird später der Körper deines Vögelchens sein. Nimm die Federn und befestige sie als Schwanzfedern am „Hinterteil". Du kannst sie einfach in das Watte-Ei stecken und – wenn nötig – festkleben.

4 Schneide einen goldenen Schnabel aus dem Fotokarton aus, falte ihn mittig und klebe ihn an den Vogelkopf. Ergänze die Augen mit dem schwarzen Filzstift. Wenn du magst, kannst du die Wangen mit Buntstift röten und weiße Lichtpunkte in die Augen malen.

5 Klebe die Kugel auf das Ei, auf die längliche Seite, so wie du es auf dem Foto siehst. Zum Schluss klebst du dein buntes Vögelchen auf die Wäscheklammer.

TIPP

Die Vögelchen machen sich gut am Weihnachtsbaum oder -strauß. Du kannst aber auch den festlich gedeckten Weihnachtstisch damit verschönern und sie am Tellerrand oder an einer Serviette befestigen.

Raffinierte Faltsterne

Schmücken jedes Fenster!

Material:

- Transparentpapier in Weiß, 50 cm x 70 cm
- 2 x Transparentpapier in Gelb, 50 cm x 70 cm
- Bleistift
- Lineal
- doppelseitiges Klebeband
- Alleskleber
- Schere

1 Schneide ein 10 cm x 24 cm großes Rechteck aus dem gelben Transparentpapier aus und übertrage es 15-mal. Jetzt hast du 16 Rechtecke.

2 Lege ein Rechteck mit der breiten Seite vor dich und falte es waagerecht in der Mitte.

3 Öffne das Blatt wieder und falte es nun senkrecht in der Mitte. Öffne es erneut und falte alle vier Ecken, damit die Blattränder genau an der Mittellinie liegen.

4 Falte die Blattränder noch einmal zur Mittellinie.

5 Falte noch einmal zwei gegenüberliegende Blattränder zur Mitte. Fertig ist die erste Zacke des Weihnachtssternes.

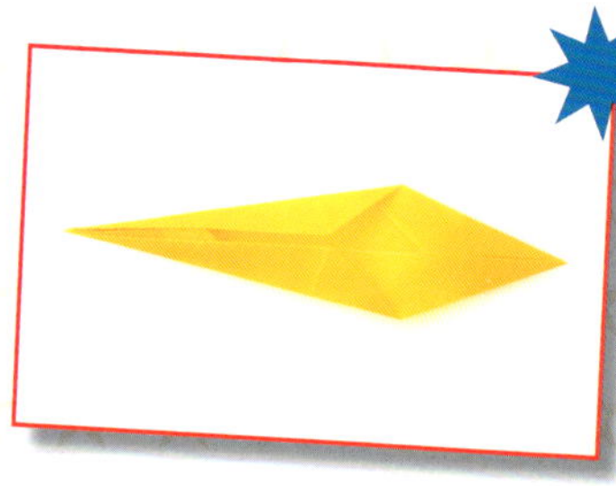

6 Wiederhole diesen Vorgang bei den restlichen 15 Rechtecken.

7 Sobald alle Zacken gefaltet sind, kannst du deinen Weihnachtsstern zusammenkleben. Bestreiche hierfür die linke untere Ecke einer Zacke mit Alleskleber und klebe die zweite Zacke darauf.

8 Klebe auf diese Weise nach und nach alle Zacken zusammen. Fertig ist der Weihnachtsstern! Am Fenster macht sich dieser Faltstern besonders gut.

TIPP

Diese Falttechnik ergibt Sterne mit langen, schmalen Zacken. Lässt du Schritt 6 aus, erhältst du Sterne mit kurzen, breiten Zacken. Es sieht auch sehr schön aus, wenn du beide Varianten faltest und anschließend mit einem Stück doppelseitigen Klebeband aufeinander klebst.

Pompon-schneemänner

Flauschige Gesellen zum Fest!

Material:

- Graupappe, A4
- Wolle in Weiß
- Deko-Karotte, ca. 4 cm lang
- 2 Wackelaugen, ø 1 cm
- Fotokartonrest in Rot
- 2 Pompons in Weiß, ø 2 cm
- 3 Deko-Vögelchen, 2 cm
- Satinband in Rot oder Grün, 1,2 cm breit, 12 cm lang
- Knopf in Pink oder Grün, ø 1 cm
- Filz in Dunkelblau, 20 cm x 10 cm (für die Mütze) oder 2 Pompons in Rosa, ø 1,5 cm und Chenilledraht in Pink, 8 cm (für die Ohrenschützer)
- Alleskleber
- Schere

Vorlagen Seite 123

1 Schneide der Vorlage nach je zwei kleine und zwei große Kreise aus der Graupappe aus.

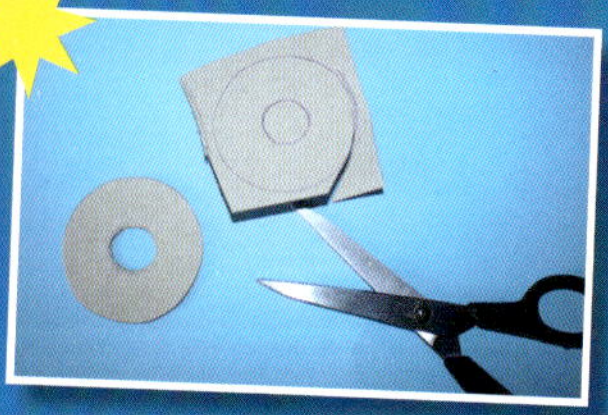

2 Lege zwei gleich große Ringe aufeinander und wickle etwa 1 m lange Wollfäden herum, bis in der Mitte kein Platz mehr zum Durchfädeln bleibt.

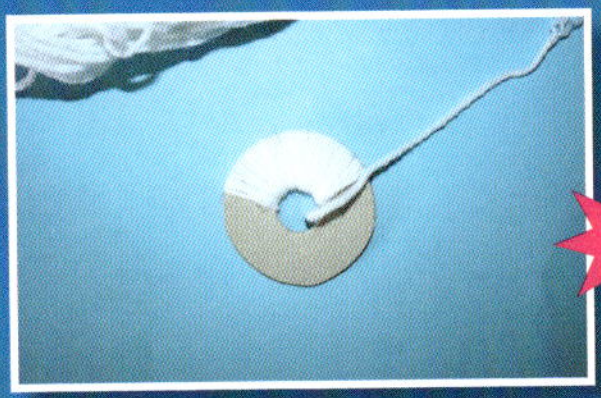

3 Schneide die Wolle entlang der Außenkante des Rings auf.

4 Ziehe einen langen Wollfaden zwischen die beiden Pappringe und verknote den Faden ganz fest zwischen den Ringen!

5 Schneide die Pappe vorsichtig heraus. Schon ist der erste Pompon fertig! Den zweiten stellst du genauso her.

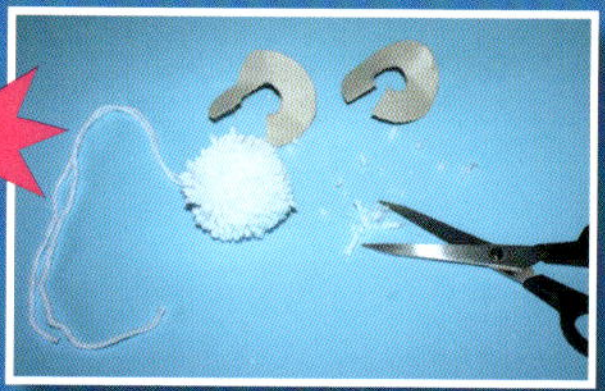

6 Binde die beiden Pompons mit den langen Fäden zusammen, und kürze die Fäden anschließend.

7 Für das Schneemanngesicht klebst du die kleine Karotte und die Wackelaugen fest. Den Mund schneidest du aus Fotokarton und klebst ihn an.

8 Befestige die kleinen weißen Pompons als Arme, binde ein Band als Schal um und klebe einen Knopf auf den Bauch. Auch Deko-Vögelchen sehen witzig aus!

9 Für die Mütze schlägst du den Rand des Filzrechtecks an der langen Seite 1 cm um und klebst die kurzen Seiten überlappend zusammen. Mit einem Wollfaden bindest du die Mütze oben zu.

Filzherzen zum Aufhängen

Beherzte Deko zum Fest der Liebe

Material:

Material für zwei Herzen

- Wollfilz in Grau meliert, A4
- 2 Textilbänder mit kleinen Rösschen, 2 cm breit, 18 cm lang
- Nähgarn in Weiß, 1,4 m lang
- Nähnadel
- Stecknadeln
- Füllwatterest
- Kreide
- Stoffschere

Vorlagen Seite 123

1 Übertrage beide Herzvorlagen jeweils zweimal auf den Wollfilz und schneide sie aus. Benutze Kreide zum Übertragen, die kannst du hinterher wieder aus dem Filz herausreiben.

2 Lege zwei zusammengehörige Filzherzen aufeinander. Falte ein Textilband als Lasche zusammen und schiebe sie zwischen die beiden Filzherzen. Positioniere die Lasche an der Herzoberseite und befestige sie mit Stecknadeln.

3 Fädele das Nähgarn auf die Nadel und mache einen Knoten in das Fadenende. Stich an der Innenseite eines Herzens ein und ziehe die Nadel nach außen durch.

4 Am besten nähst du die Herzen samt Lasche mit einen Heftstich zusammen: einstechen, ein Stückchen weiter ausstechen, ein Stückchen weiter einstechen und so weiter. Halte dabei etwa 3 mm Abstand zum Stoffrand.

5 Sobald das Herz zur Hälfte zusammengenäht ist, kannst du eine Nähpause einlegen und etwas Füllwatte in das Herzinnere stopfen.

6 Jetzt musst du nur noch das restliche Herz zusammennähen. Mach einen Knoten, schneide den Faden ab und fertig ist der erste der beiden Baumanhänger. Für den zweiten Baumanhänger kannst du die Arbeitsschritte 2 bis 7 mit den restlichen beiden Filzherzen wiederholen.

TIPP

Wo sollen deine Herzen hängen? Such dir z. B. einen schönen Zweig, bemale ihn mit weißer Acrylfarbe und stelle ihn in eine Vase – auch ein schöner Ort für die Herzen!

Weihnachtliche Wimpel

Festtagsschmuck für das ganze Haus!

Material:

- Leinenstrukturpapier in Weiß, Pink, Rot, Hellgrün und Grün, A4
- Fotokartonrest in Hellgrün, Pink, Gelb und Glitzergold
- Filzstift in Rot und Grün
- Buntstifte in Weiß, Gelb, Braun und Rot
- 2 Knöpfe in Grün, ø 1 cm
- 2 x Spitzenbordüren in Weiß, 1 cm breit, 5 cm, 8 cm und 12 cm lang
- Spitzenbordüre in Weiß, 1 cm breit, ca. 2 m lang
- Alleskleber
- Schere

Vorlagen Seite 123

1 Schneide der Vorlage nach Dreiecke für deine Wimpel aus dem Leinenstrukturpapier aus. Du kannst so viele Wimpel anfertigen, wie du möchtest.

2 Verziere die Dreiecke ganz nach deinem Geschmack. Hier siehst du einige Möglichkeiten: Zuckerstangen, Sterne und Herzen, eine Kerze, oder vielleicht gefällt dir der Weihnachtsbaum? Übertrage die jeweiligen Motive auf Fotokarton und schneide sie aus.

3 Bevor du deine Motive auf die Wimpel klebst, kannst du sie mit Bunt- und Filzstiften verzieren. Bestimmt fallen dir viele tolle Schmuckelemente ein oder du orientierst dich einfach an dem Foto.

4 Lust auf einen Wimpel mit Spitzenbordüre? Klebe die 5 cm, 8 cm und 12 cm langen Stücke in gleichmäßigen Abständen auf ein Dreieck. Lass die Bänder jeweils links und rechts etwas überstehen. So kannst du sie an den Rändern umknicken und auf der Rückseite des Dreiecks festkleben.

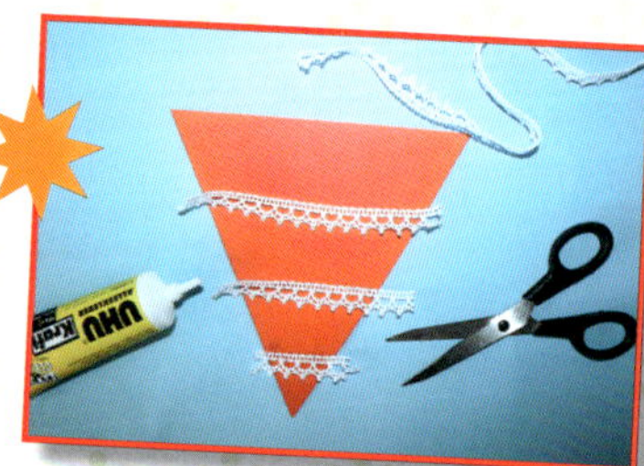

5 Klebe alle Wimpel von hinten an die 2 m lange Spitzenbordüre und lass sie gut trocknen.

TIPP

Natürlich kannst du die Wimpelkette beliebig länger oder auch kürzer gestalten, es kommt ganz darauf an, wo du sie später aufhängen möchtest!

Farbenfrohe Perlensterne

Für eine fröhliche Adventszeit

Material:

- Aludraht in Pink, Grün oder Blau, ø 1 mm, ca. 80 bis 100 cm lang
- Strohhalme in Pink, Gelb, Grün, Lila und Orange
- Perlen in verschiedenen Farben und Formen
- Klopapier, A4
- Bleistift
- Schere
- Zange

1 Am besten machst du gleich zu Beginn einen Knick in ein Drahtende, damit dir die Perlen beim Fädeln nicht wieder herunterrutschen können.

2 Schneide dann die Strohhalme in 2 cm bis 3 cm lange Stücke.

3 Fädle nun Strohhalmstücke und Perlen bunt gemischt auf den Draht, bis am Ende nur noch ein etwa 20 cm langes Stück Draht übrig ist.

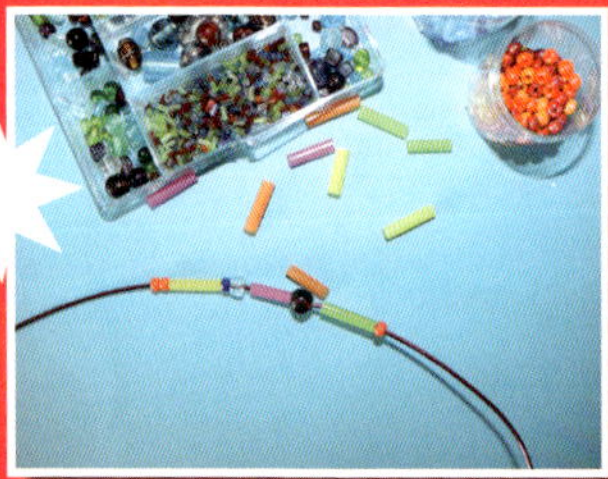

4 Halte die beiden Enden des Drahtes zusammen hoch, sodass alle Perlen ein wenig zur Mitte rutschen. Verdrehe die Drahtenden miteinander.

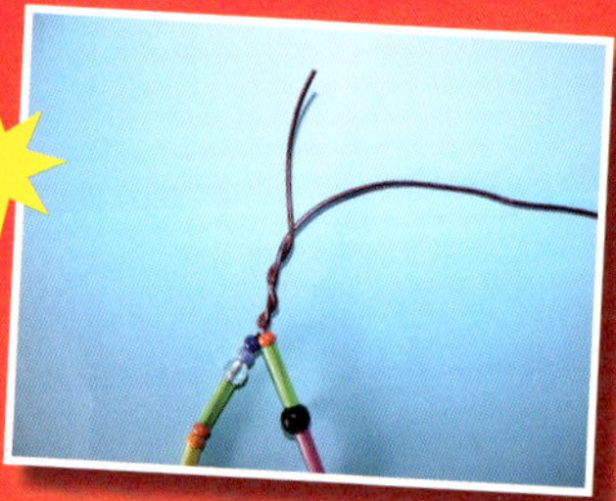

5 Biege die verdrehten Drahtenden mit der Zange zu einem Haken. Jetzt hast du eine gute Aufhängung!

6 Zeichne einen Stern auf ein Blatt Papier, lege deinen Perlendraht darauf und biege entsprechend der Zeichnung Zacken in den Draht. Wenn du willst, kannst du dafür wieder die Zange benutzen, aber sei vorsichtig und lass dir evtl. helfen!

TIPP

Wenn du es nicht ganz so bunt magst, kannst du einfarbige Sterne basteln! Verwende einfach Strohhalme, Draht und Perlen in der gleichen Farbe!

Lecker-
mäulchen

Süßkram für kleine Naschkatzen

Schneemann-gesichter

Kinderleichte Leckerei

Zutaten:

Zutaten für 12 Stück

- 12 Mini-Amerikaner (Tiefkühlkost, aufgetaut)
- 12 Marzipankarotten
- Vollmilchkuvertüre, 50 g
- Zahnstocher
- Fruchtgummi

1 Zerkleinere die Kuvertüre vorsichtig mit einem Messer. Lass dir dabei unbedingt von einem Erwachsenen helfen.

2 Dann brauchst du ein Wasserbad, um die Schokolade zu schmelzen. Nimm einen Topf, fülle ihn zur Hälfte mit Wasser. Die Schokostückchen kommen in eine kochfeste Schüssel, die du in den Topf stellst. Erwärme die Schokolade bei kleiner bis mittlerer Hitze und rühre ab und zu um.

3 Wenn du mit dem Zahnstocher etwas flüssige Schokolade auf die Rückseite einer Marzipankarotte tropfst, lässt sich die Karotte gut auf dem Amerikaner festkleben. Platziere die Karotte möglichst mittig und klebe allen Schneemännern Nasen an.

4 Male mit dem Zahnstocher und der flüssigen Kuvertüre Augen und Mund der Schneemänner auf. Sobald die Schokolade getrocknet ist, kannst du deinen Gästen die lustigen Gesellen servieren!

TIPP

Wenn du magst, kannst du deinen Schneemännern auch noch lustige Hüte oder Ohrenschützer aus Gummibärchen ankleben.

Herzplätzchen

... mit Perlen veredelt!

Zutaten:

Für die Herzen

- 250 g Mehl
- 60 g Zucker
- 1 Prise Salz
- 1 Ei
- 125 g kalte Butter
- 1 Prise Zimt
- evtl. Ausstecher in Herzform

Für den Zuckerguss

- 4 EL Zitronensaft
- 200 g Puderzucker
- Zuckerperlen

1 Gib die Zutaten für die Herzen in eine Schüssel, und verknete sie zu einem glatten Teig.

2 Rolle den Teig ca. 5 mm dick aus und schneide mit einem Messer mehrere unterschiedlich große Herzen aus. Du kannst dazu auch herzförmige Ausstecher nehmen – am besten in unterschiedlichen Größen!

3 Lege die Herzen auf ein mit Backpapier ausgelegtes Blech und backe sie zusammen mit einem Helfer im vorgeheizten Ofen bei 180 Grad ca. zehn Minuten lang.

4 Sobald die Plätzchen abgekühlt sind, kannst du sie verzieren. Zuerst muss der Zuckerguss hergestellt werden: Verrühre dazu 200 g Puderzucker mit 4 EL Zitronensaft.

5 Streiche den Guss mit einem Pinsel auf ein Plätzchen und setze – möglichst solange der Guss noch frisch ist – die Zuckerperlen auf den äußeren Zuckergussrand. Verfahre so mit allen Herzen. Und nu? Verschenken oder aufessen?

Schneemann-suppe

... mit Köstlichkeiten zum Selbermischen

Material / Zutaten:

Für die Suppenschüssel

- runde Vase, ca. 20 cm hoch
- Window Color in Blau, Orange, Rot, Braun und Weiß
- Papier in Weiß, A4
- Filzstift in Schwarz
- Prospekthülle
- Klebefilm

Vorlagen Seite 124

Für den Quark

- ca. 500 g Quark
- 500 g Naturjoghurt
- 1 Päckchen Vanillezucker
- Früchte, Marmelade, gehackte Nüsse, Schokolinsen, Cornflakes ... nach Belieben in kleinen Glasschälchen angerichtet

1 Übertrage die Vorlage mit dem Filzstift auf weißes Papier und stecke deine Zeichnung in die Prospekthülle.

2 Male zuerst die Konturen des Gesichts in den entsprechenden Fensterfarben nach, bevor du sie ganz ausmalst. Die Farben brauchen einige Stunden zum Trocknen.

3 Ist die Vase sauber ausgespült? Dann ziehe die einzelnen Teile des Gesichts der Reihe nach vorsichtig von der Folie ab und drücke sie an der Vase fest.

4 Gib den Quark in eine Rührschüssel, mische ihn mit dem Vanillezucker und rühre ihn mit einem Schneebesen cremig. Dann kannst du den Joghurt untermengen.

5 Die restlichen Zutaten richtest du am besten in kleineren Schälchen an. Schneide die Früchte in mundgerechte Stücke. Du kannst sie ebenfalls in Schälchen füllen oder auf kleinen Tellern anbieten. Jeder Gast kann sich nun selber bedienen und in seine Schneemannsuppe mischen, was ihm am besten schmeckt!

TIPP

Vielleicht hast du Lust, auch noch die kleinen Glasschälchen winterlich zu verzieren? Wie wäre es zum Beispiel mit kleinen Schneeflocken aus Window Color. Male sie wie oben beschrieben auf Folie auf und lass die Farbe gut trocknen.

Dekorative Nussschälchen

Geschmack auf Zack

Material:

- Walnussschalenhälften
- Seidenpapierreste in Weiß und Rosa
- Bleistift
- Acrylfarbe in Gold
- feiner Haarpinsel
- doppelseitiges Klebeband
- Klebestift
- Schere
- Schokobohnen

Vorlagen Seite 122

1 Bemale die Außenseiten der Walnussschalenhälften mit goldener Acrylfarbe. Lege sie dann zum Trocknen beiseite.

2 Zeichne mit Bleistift der Vorlage nach Sterne auf das weiße und das rosafarbene Seidenpapier. Schneide die Sterne sorgfältig aus.

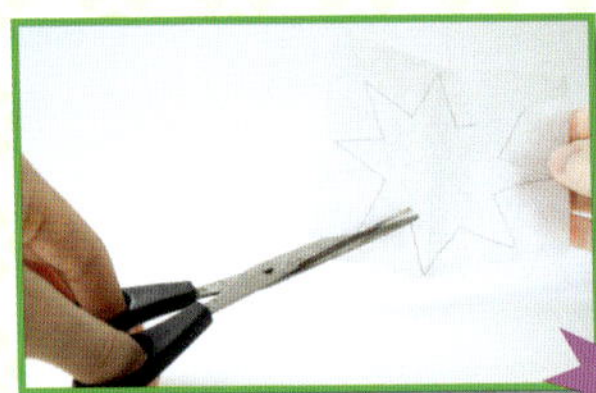

3 Bestreiche die Mitte eines weißen Sternes mit dem Klebestift – du brauchst nicht viel Klebstoff!

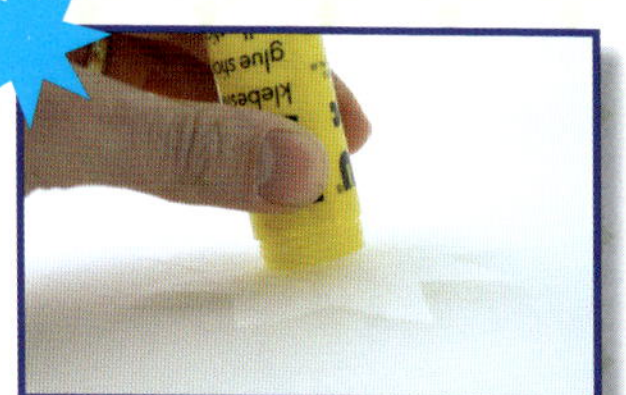

4 Nimm einen rosafarbenen Stern und drücke ihn mittig auf die Klebefläche des ersten Sterns. Achte darauf, dass die Zacken der beiden Sterne versetzt zueinander liegen. Das sieht besonders schön aus!

5 Klebe einen kleinen Streifen doppelseitiges Klebeband in die Schalenhälften.

6 Jetzt kannst du deine Seidenpapiersterne in die Walnussschalen hineindrücken. Gefällt dir dein Nussschälchen?

7 Zupfe die Sternzacken etwas zurecht. Wenn du Lust hast, male in jede Zackenspitze mit Acrylfarbe einem noch einen kleinen goldenen Punkt. Fertig ist deine kleine Sternenschale! Nun kannst du sie mit Schokobohnen oder anderen kleinen Leckereien füllen.

TIPP

Mit den gefüllten Nussschälchen kannst du z. B. eine festlich gedeckte Kuchentafel besonders schön dekorieren oder auch den Teller mit den Weihnachtsplätzchen.

Nikolaus-schlitten

Zum Anbeißen lecker!

Zutaten:

- 4 Butterkekse
- 2 Zuckerstangen, ca. 18 cm lang
- 1 Eiweiß
- 1 Prise Salz
- 9 gehäufte EL Puderzucker
- Mixer
- Rührschüssel
- Spritzbeutel mit Sterntülle

1 Schlage vorsichtig das Ei auf und trenne das Eiweiß vom Eigelb. Das Eiweiß kommt in die Rührschüssel. Streue eine Prise Salz dazu.

2 Mit dem Mixer musst du nun das Eiweiß kräftig rühren, bis fester Eischnee entsteht. Fest genug? Das kannst du leicht überprüfen: Stich mit einem Messer in den Eischnee. Wenn der Schnitt nicht verläuft, sondern zu sehen bleibt, ist es perfekt!

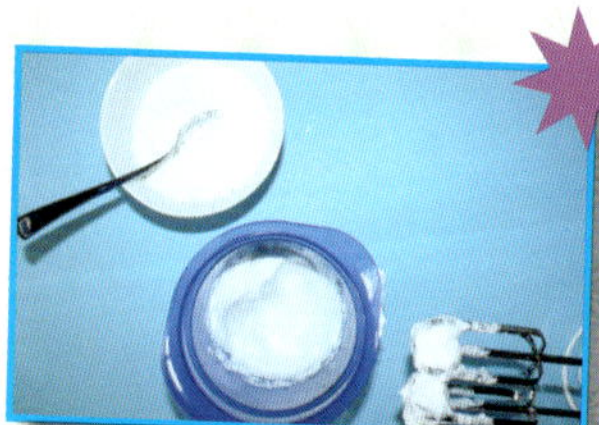

3 Gib nach und nach unter Rühren den Puderzucker hinzu. Es entsteht ein zähflüssiger Brei: Zuckerguss!

4 Den Zuckerguss füllst du nun in den Spritzbeutel.

5 Los geht's: Spritze an den beiden schmalen Innenseiten des ersten Butterkekses Zuckerguss auf. Daran kannst du nun zwei weitere Kekse festkleben. Befestige auch den vierten Keks mit Zuckerguss.

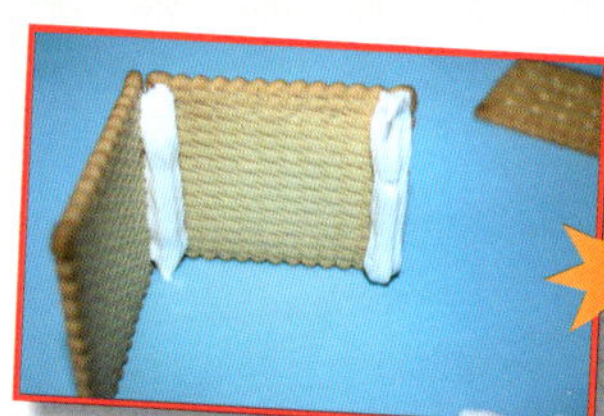

6 Damit der Schlitten richtig gut zusammenhält, solltest du auch außen an jede Kekskante Zuckerguss auftragen!

7 An den beiden langen Keks-Unterseiten kannst du jetzt die Zuckerstangen als Kufen ankleben.

8 Als winterliche Deko gibst du noch etwas Zuckerguss auf die oberen Keksränder. Fertig! Trocknen lassen und in etwa ein bis zwei Stunden ist dein Schlitten startklar!

TIPP

Natürlich lässt sich der Schlitten auch nach unten hin dicht mit einem weiteren Butterkeks als Bodenplatte verschließen. Dann kannst du Gummibärchen, Schokolinsen oder einen kleinen Schokonikolaus in deinen Schlitten packen. Lass es dir schmecken!

Essbare Schneebälle

So versüßt du dir den Winter!

Zutaten / Material:

Zutaten

- 1 Tortenboden
- 1 Becher saure Sahne
- 3 EL Schlagsahne
- 1 Päckchen Vanillezucker
- 100 g Kokosraspeln

Material für die Tannen-Deko

- Filzreste in Hellgrün und Dunkelgrün
- 18 Zahnstocher aus Holz
- Schere

1 Zerbrösele den Tortenboden in feine Krümel. Am besten du bröselst gleich alles in eine große Schüssel, denn es werden ganz schön viele Brösel!

2 Fertig gebröselt? Dann gibst du die Schlagsahne zu den Tortenkrümeln in die Schüssel.

3 Als Nächstes fügst du den Vanillezucker hinzu.

4 Jetzt fehlt noch die saure Sahne. Gib sie in die Schüssel und vermische alle Zutaten. Richtig gut rühren, bis alles schön gleichmäßig vermengt ist!

5 Forme 18 Bälle aus der Teigmasse und wende sie in den Kokosraspeln. Das geht am besten, wenn du die Kokosraspeln auf einem flachen Teller verteilst.

TIPP

Du kannst die Schneebälle auch mit Tannenbäumchen verzieren. Schneide dazu Tannenbäume aus Filz aus und klebe jeweils einen Zahnstocher zwischen zwei Filzbäumchen.

Lebkuchenhaus

Märchenhafte Weihnachtsbäckerei

Zutaten:

Für das Lebkuchenhaus

- 450 g Sirup
- 150 g Butter
- 200 g Zucker
- 2 Eier
- 1 Päckchen Lebkuchengewürz
- 1 Prise Salz
- 1000 g Mehl
- 1 Päckchen Backpulver
- 20 g Kakao

Für den Zuckerguss

- 2 Eiweiß
- 200 g Puderzucker
- Süßigkeiten

1 Gib den Sirup, die Butter und den Zucker in einen Topf. Erhitze das Ganze zusammen mit einem Erwachsenen, bis sich der Zucker aufgelöst hat. Immer gut umrühren!

2 Rühre die Eier und das Lebkuchengewürz unter die Masse.

3 Mische das Mehl mit Backpulver und Kakao und verrühre alles mit der Sirupmasse zu einem glatten Teig. Nun muss der Teig etwa eine Stunde ruhen.

4 Bestreue deine Arbeitsfläche mit etwas Mehl, damit dein Teig nicht festklebt. Jetzt lässt sich der Teig gut ausrollen – ca. 1 cm dick!

5 Überlegt euch, wie groß das Haus werden soll und schneidet entsprechend zwei Dachplatten, zwei Wandseiten und zwei Hausfronten aus dem Teig. Dann schneidet ihr Fenster und Türen ein und legt alles auf ein mit Backpapier ausgelegtes Backblech. Im vorgeheizten Backofen bei 180° C ca. 15 Minuten backen.

6 Sind die Lebkuchenteile abgekühlt ,kommt der Zuckerguss! Schlage ein Eiweiß schaumig und füge nach und nach 100 g von dem Puderzucker hinzu, bis eine zähflüssige Masse entsteht.

7 Klebe das Häuschen mit dem Guss zusammen und lass es ca. zwei Stunden trocknen. Rühre zum Schluss erneut Zuckerguss als „Kleber“ für die Süßigkeiten an und verziere dein Häuschen.

Das schenk ich dir!

Geschenke und Grüße für alle deine Lieben

Handbedruckte Karten

Für fröhliche Weihnachtsgrüße

Material:

- 2 Klappkarten in Hellgrün oder Rot, 12 cm x 17 cm
- Klappkarte in Hellblau, 15,5 cm x 15,5 cm
- Acrylfarbe in Weiß, Hautfarbe, Rot und Grün
- Fotokarton in Dunkelblau (10 cm x 10 cm), Rosa (12 cm, x 10 cm) oder Hellgrün (11 cm x 15 cm)
- Fotokartonrest in Gelb, Glitzergold oder Rot gepunktet (9 cm x 5,5 cm)
- Lackmalstifte oder Buntstifte in Rot, Pink, Braun, Grün, Hellgrün, Gelb und Weiß
- Häkelbordüre in Weiß, 2 cm breit, 12 cm lang, Pomponband in Weiß, 44 cm oder Kordel in Gold, 8 cm und 12 cm

Vorlagen Seite 124

1 Schneide zunächst die Fotokartonstükke wie entsprechend der Maße in der Materialliste zu.

2 Bemale deine Finger mit der Acrylfarbe und drücke sie vorsichtig auf den Fotokarton: Für die Schneemänner brauchst du nur weiße Farbe. Beim Adventskranz bemalst du vier Finger mit roter und den Handballen mit grüner Farbe. Für die Wichtel bemalst du die Fingerkuppen mit Hautfarbe und mit Weiß.

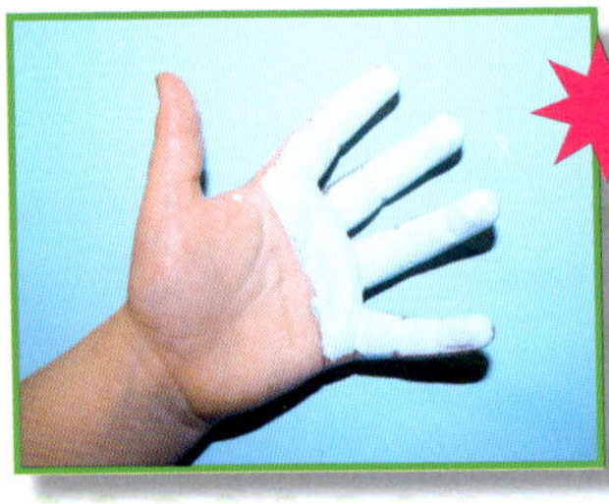

3 Lass die Farbe nun erstmal gut trocknen! Dann klebst du die Fotokartonstücke mit den Handabdrücken auf die Klappkarten.

4 Verziere deine Kunstwerke mit Lackmalstiften bzw. Acrylfarbe: Ergänze die Gesichter, Hüte, Schals oder Ohrenwärmer. Vielleicht noch ein paar Schneeflocken? Lass deiner Fantasie freien Lauf!

5 Für die Adventskranzkarte schneidest du der Vorlage nach Flammen aus Fotokarton aus. Wenn du möchtest, kannst du sie noch mit einem Buntstift schattieren.

6 Bei der Wichtelkarte darf natürlich das Geschenk nicht fehlen! Klebe die Goldkordel und einen Glitzerstern daran fest und fixiere das Geschenk vor den Wichteln auf der Karte.

7 Jede Karte kannst du zum Schluss noch mit Bänder und Bordüren verzieren. Fällt dir auch ein netter oder lustiger Weihnachtsgruß ein? Dann schreibe ihn mit Buntstift auf die Karte.

Frohe Weihnachten
Frohes Fest!
Eine schöne Adventszeit!
LET IT SNOW!

Bestempelte Jutetaschen

Plätzchenrezepte to go!

Material:

- Tragetasche aus Baumwolle, 38 cm x 42 cm
- Schmierpapier, 38 cm x 42 cm
- Textilfarbe in Rubinrot und Gold
- feiner Borstenpinsel
- Kartonreste in Grau
- Moosgummi
- doppelseitiges Klebeband
- Buchstabenstempelset
- Schere

Vorlagen Seite 124

1 Bevor du mit dem Stempeln beginnst, solltest du die Tagetasche waschen und von einem erwachsenen Helfer bügeln lassen.

2 Die Zahlen und auch den Sternstempel kannst du einfach selbst herstellen. Übertrage die Vorlagen auf Moosgummi und schneide alles aus. Klebe jede einzelne Moosgummiform mit doppelseitigem Klebeband auf ein Stück Karton.

3 Lege das Schmierpapier in deine Jutetasche. So verhinderst du, dass sich die Farbe beim Stempeln auf beide Taschenseiten verteilt.

4 Die erste Seite der Tasche wird bestempelt: Streiche die goldene Farbe mit dem Pinsel auf den Sternstempel und drücke ihn oben mittig dreimal auf den Stoff. Darunter kommen die Zutaten mit Mengenangaben. Beginne ganz links mit den Zahlen, rechts daneben stempelst du die Wörter mit deinem Buchstabenstempelset. Lass einen kleinen Abstand zwischen den Zahlen und den Wörtern.

5 Ist die erste Seite trocken? Dann geht's an die zweite Seite! Du kannst wieder mit den drei goldenen Sternen anfangen. Stemple dann das Rezept darunter. Fange mit den Wörtern ganz links an.

6 Sobald beide Taschenseiten trocken sind, bitte deinen Helfer, dass er dir die Tasche noch einmal bügelt. Dadurch wird die Farbe fixiert!

Und hier der Text für deine Stempel:

500 g Mehl
200 g Zucker
250 g Butter
2 Eier
1 Pck. Vanillezucker
1 Pck. Backpulver

Zucker, Vanillezucker und Butter mit den Eiern schaumig rühren.
Mehl und Backpulver untermischen.
Teig ausrollen.
Plätzchen ausstechen.

200 Grad Celsius
15 Minuten backen

Wochenplaner

Zeit für die schönsten Pläne!

Material:

- Glasbilderrahmen in Gold, 20,5 cm x 26,5 cm
- Skizzenpapier in Braun, 19,5 cm x 25,5 cm
- Acryllack in Gold, Elfenbein, Türkis, Wildrose, Bordeaux, Orange und Schwarz
- mittelbreiter Borstenpinsel
- feiner Haarpinsel
- Glasschreiber

1 Male mit dem Borstenpinsel acht unterschiedlich große und verschiedenfarbige Kästen mit Acryllack auf das Skizzenpapier. Hier sind drei Kästen in Elfenbein, zwei in Wildrose, zwei in Gold und ein Kasten in Bordeaux gemalt.

2 Die Aufteilung kannst du frei gestalten, ganz wie du willst. Achte jedoch darauf, dass du beim Gestalten mindestens 1,5 cm Abstand zum Papierrand einhältst. Damit auch später, wenn das Papier im Rahmen liegt, alles noch gut zu sehen ist.

3 Sobald die Kästen getrocknet sind, kannst du sie mit Acryllack und einem feinen Haarpinsel beschriften: In sieben Kästen kommt je ein Wochentag, und ein Kasten ist für Notizen.

4 Sind alle Farben getrocknet? Dann lege den Wochenplan in den Glasbilderrahmen.

5 Mit dem Glasschreiber kannst du nun deine Pläne für die ganze Woche eintragen. Woche vorbei oder Planänderung? Dann einfach wieder auswischen und etwas Neues eintragen.

TIPP

Achte darauf, einen Rahmen mit echtem Glas zu verwenden. In Plexiglas oder ähnlichem Material könnte die Farbe der Glasschreiber einziehen, sodass du die Schrift nicht mehr vollständig auswischen kannst.

Süße Honigkerzen

Ein Weihnachtsduft liegt in der Luft ...

Material:

Pro Kerze

- Honigwachsplatte, 20 cm x 30 cm
- Docht, 8 cm lang
- Keksausstecher in Sternform, ø 5 cm
- Zahnstocher

1 Stich mit dem Keksausstecher so viele Sterne aus, wie du magst. Es sollten jedoch mindestens acht bis zehn Stück sein!

2 Bohre mit dem Zahnstocher in jede Form genau an der gleichen Stelle ein Loch: Am besten fängst du mit dem ersten Stern an, bohrst ein Loch in die Mitte, legst ihn auf den zweiten Stern und bohrst durch das Lochder ersten Schicht hindurch usw. Aufgepasst: Der letzte Stern bekommt kein Loch!

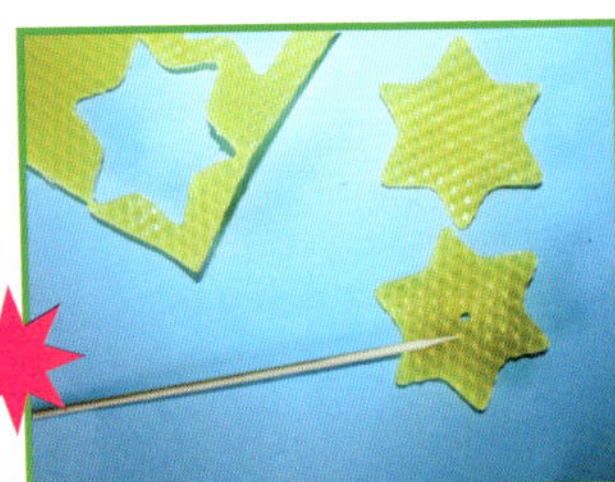

3 Fädle nun den Docht durch alle Löcher hindurch und drücke das Dochtende an der Unterseite deines sternförmigen Wachsstapels fest. Wenn der Docht an der Oberseite zu lang ist, kannst du ihn noch ein wenig kürzen. Drücke alle Sterne, die ein Loch haben, fest zusammen.

4 Für die große Kerze rollst du eine ganze Wachsplatte auf. Vergiss nicht, am Anfang einen Draht mit einzuwickeln. Die Kerze kannst du zum Beispiel mit Sternchen und Nelken verzieren.

5 Zum Schluss drückst du den Stern ohne Loch an die Unterseite der Kerze. So lässt sich das Dochtende gut verstecken. Bevor du deine duftende Honigkerze anzündest, legst du sie am besten auf einen kleinen Kerzenteller oder auf eine ähnliche feuerfeste Unterlage. So kann auch das Wachs nicht ausfließen!

TIPP

Du kannst natürlich auch mit anderen Formen schöne Kerzen herstellen – wie wäre es z. B. mit einer Herzform? Oder du bastelst dir eine Schablone mit einem tollen Motiv, das du dann auf die Wachsplatte überträgst.

Lieblingspüppchen

Socken zum Gernhaben

Material:

Für den Bär

- Socke in Braun, Größe 27–29
- ca. 50 g Füllwatte
- 2 x Stickgarn in Orange, 10 cm lang
- Stickgarn in Rot, 15 cm lang
- Webband in Hellgrün mit Herzchenmuster, 1,5 cm breit, 25 cm lang
- Plusterfarbe in Glitzerrot und Glitzerblau
- Nähgarn in Braun
- Nähnadel
- Schere

Für das Püppchen

- Socke in Rosa mit Blümchen, Größe 27–29
- ca. 70 g Füllwatte
- Stickgarn in Lila, 15 cm lang
- Filzrest in Hautfarbe
- Satinband in Hellgrün, 1 cm breit, ca. 15 cm lang (an deiner Puppe abmessen und 2 cm Klebezugabe addieren)
- Plusterfarbe in Blau, Rosa und Rot
- 2 Blümchenknöpfe, ø 1 cm
- Nähgarn in Rosa
- Nähnadel
- Stoffkleber
- Schere

Vorlagen Seite 124

Sockenbär

1 Binde an der Sockenspitze mit den beiden orangefarbenen Garnstücken zwei Ohren ab. Fest verknoten und den Rest abschneiden!

2 Fülle etwa 20 g der Füllwatte in die Socke, und verknote direkt darunter das rote Garnstück. Nun ist der Kopf des Bärchens schon fertig!

3 Stecke die restliche Füllwatte in die Socke. Nähe das untere Sockenende mit braunem Nähgarn zu.

4 Falls der Kopf des Teddys zu sehr wackelt, nähe ihn mit ein paar Stichen am Körper fest!

5 Male deinem Sockenteddy mit der Plusterfarbe ein Gesicht auf. Lass die Farbe gut trocknen. Binde noch das grüne Schleifchen um den Teddyhals.

Sockenpüppchen

1 Für den Kopf füllst du die Socke mit etwa 20 g Watte und bindest sie direkt darunter mit dem lilafarbenen Garn ab.

2 Stopfe das restliche Füllmaterial in die Socken und nähe sie mit dem rosa Garn an der Unterseite zu.

3 Schneide aus dem Filz ein ovales Gesicht aus. Klebe es an.

4 Das grüne Band ist für den Puppenbauch. Klebe die Enden zusammen, und nähe die beiden Knöpfe daran fest. Bestimmt hilft dir ein Erwachsener dabei!

5 Jetzt fehlen nur noch Augen, Nase und Mund. Male alles mit den Plusterfarben auf. Gut trocknen lassen!

Nicht vergessen...

Eine besonders anziehende Geschenkidee!

Material:

- Trio-Spiel (Gesellschaftsspiel mit Pappkärtchen), 11 cm x 18 cm
- 11 Magnete, ø 1,2 cm
- Magnetgrundierung
- Acrylfarbe in Weiß und Rot
- Borstenpinsel
- feiner Haarpinsel
- Heißklebepistole und Klebepatronen
- Schleifpapier

1 Trage mit dem Borstenpinsel die Magnetgrundierung in den Innenseiten der Spielschachtel auf.

2 Bitte einen Erwachsenen, dir mit der Klebepistole etwas Kleber auf die Rückseite der Spielkarten zu geben.

3 Nun kannst du die Magnete auf den Spielkarten festkleben. Achte dabei auf die Magnetpole!

4 Bevor du die Außenseite der Schachtel anmalst, raue sie mit Schleifpapier etwas an. So bleibt die Farbe besser haften!

5 Jetzt kannst du loslegen und die Schachtel ganz nach deinem Geschmack gestalten! Hier wurde sie zunächst mit dem Borstenpinsel weiß grundiert und danach wurden mit dem Haarpinsel rote Streifen aufgemalt.

6 Sobald die Magnetgrundierung in der Spielschachtel getrocknet ist, kannst du deine selbst gemachten Magnete anheften. Fertig ist ein schönes Geschenk für jeden Spiele-Liebhaber!

TIPP

Auch Würfel, Spielfiguren und andere Spielutensilien von Gesellschaftsspielen eignen sich als Magnete. Schau einfach mal, was du so findest.

Kuschelkissen

Für klirrendkalte Wintertage!

Material:

Herzchenkissen

- Kissen, 40 cm x 40 cm
- Kissenbezug in Weiß, 40 cm x 40 cm
- Stoffreste in Grün kariert und gepunktet
- Baumwollstoff in Rot mit Röschen, A4
- Vliesofix, A3
- Backpapier, A3
- Satinband in Rot gepunktet, 1,2 cm breit, 25 cm lang
- Plusterfarbe in Glitzergrün
- Stoffkleber
- Schere

Variante Baumkissen

- 8 Stoffstreifen in Grüntönen, je 2,5 cm breit, 25 cm, 22 cm, 19 cm, 16 cm, 13 cm, 10 cm, 7 cm und 4 cm lang
- Stoffstreifen in Hellbraun, 5 x 10 cm
- Vliesofix, A3
- 2 Pomponbänder in Creme, 25 cm und 13 cm lang
- 2 Zackenlitzen in Rot-Weiß, 19 cm und 7 cm lang
- Stoffkleber
- Schere

Vorlagen Seite 125

Herzchenkissen

1 Für das Herzkissen fertigst du zunächst vom Ilexblatt eine Schablone an und zeichnest damit 13 Blätter auf die grünen Stoffreste. Schneide sie sorgfältig aus.

2 Übertrage das Herz auf den roten Stoff, und schneide es ebenfalls aus.

3 Lege alle Stoffteile mit der „schönen“ Seite nach oben auf die Klebeseite des Vliesofix und decke es mit Backpapier ab. Bitte einen Helfer, für dich über die Formen zu bügeln, bis sie mit dem Vliesofix verbunden sind. Schneide dann alle Teile nochmals aus.

4 Ziehe bei allen Formen die Folie vom aufgebügelten Vliesofix ab.

5 Platziere das Herz auf dem Kissenbezug. Herz und Blätter werden mit dem Bügeleisen fixiert.

6 Die Ilexblätter kannst du noch mit Plusterfarbe verzieren. Das rote Band wird zu einer Schleife gebunden und oben am Kissenbezug festgeklebt.

Baumkissen

1 Verfahre mit den Stoffstreifen für das Baumkissen wie unter Punkt 3 beschrieben.

2 Schneide die Stoffstreifen noch einmal aus und ziehe die Folie auf der Rückseite ab. Lege alle Streifen auf dem Kissenbezug in Position, dann mit dem Bügeleisen fixieren. Wenn du möchtest, verziere den Weihnachtsbaum noch mit der Zackenlitze und dem Pomponband. Beides kannst du mit Stoffkleber fixieren.

Papierschiffchen-Brosche

Geschenk für liebe Freundinnen

Material:

- Tonpapier, beidseitig in Neonpink, 10,5 cm x 7,5 cm
- Anstecknadel, 2 cm
- Heißklebepistole und Klebepatronen

1 Weißt du, wie man ein Papierschiffchen faltet? Los geht's: Falte das Tonpapier einmal in der Mitte der langen Seite.

2 Dann werden die zwei Papierecken entlang der Mittelachse zu zwei Dreiecken umgeknickt.

3 Klappe anschließend die beiden überstehenden Papierstreifen unterhalb der Dreiecke jeweils nach außen um.

4 Schlage die vier überstehenden Ecken jeweils in entgegengesetzter Richtung ein. Jetzt hast du einen dreieckigen Papierhut!

5 Öffne den Papierhut, und falte ihn zu einem Quadrat, indem du die linke und die rechte Hutspitze aufeinanderlegst.

6 Jetzt werden die Spitzen an der offenen Seite jeweils nach außen umgeklappt, bis sie auf den Spitzen an der geschlossenen Seite liegen. Du hast wieder eine dreieckige Form, die unten offen ist.

7 Öffne das Dreieck erneut, und falte die Spitzen aufeinander. Fast fertig!

8 Nun kannst du einfach die Form an den oberen Ecken auseinanderziehen und es entfaltet sich dein Schiff!

9 Klebe die Anstecknadel mit Heißkleber an eine Schiffsseite. Bestimmt kann dir ein Erwachsener dabei helfen! Achtet darauf, dass die Nadel im oberen Drittel des Schiffes angebracht wird, damit die Brosche richtig sitzt.

TIPP

Wenn du Lust hast, kannst du auch Schiffe in anderen Farben herstellen. Oder du verzierst sie ganz nach deinem Geschmack – zum Beispiel mit einer gepunkteten goldenen Linie einmal rundherum!?

Überraschungs-Kistchen

Für deine besten Freunde

Material:

Mäusebett

- Metalldöschen, ca. 9,5 cm x 6 cm
- Filzrest in Weiß und Pink
- Stoffreste nach Wunsch
- etwas Füllwatte, ca. 2 cm große Kugel und 4 cm große Kugel
- Häkelbordüre in Weiß, 1 cm breit, 6 cm und 5 cm lang

Variante Rennplatz

- Filz in Hellgrün und Grau, 1 mm stark
- Acrylfarbe in Weiß
- Stoffreste nach Wunsch
- kleines Spielzeugauto

Vorlagen Seite 124/125

Mäusebett

1 Schneide aus dem pinkfarbenen Filz eine Matratze für das Bettchen zu.

2 Für die Bettdecke schneidest du zwei Rechtecke aus Stoff zurecht (6 cm x 10 cm) und klebst sie zusammen. Schneide mit der Zickzackschere am Rand entlang. Verziere die Decke noch mit einer Häkelbordüre.

3 Schneide nochmals zwei Rechtecke für das Kissen aus (5 cm x 4 cm). Bestreiche die Ränder des ersten Rechtecks mit Kleber, lege die Watte in die Mitte und drücke das zweite Rechteck darauf. Lass den Kleber trocknen!

4 Schneide Kopf, Arme und Beine der Maus aus weißem Filz aus. Den Kopf benötigst du zweimal. Für das Kleid schneidest du Dreiecke aus Stoffresten aus. Das Gesicht malst du mit schwarzem Filzstift auf. Die Nase besteht aus einem Stückchen Stoff. Befestige am Rückenteil innen Arme und Beine der Maus. Leg die Watte in die Kleidmitte und klebe das Vorderteil des Kleides auf.

5 Klebe nun noch den Kopf auf das Kleid. Von hinten fixierst du den zweiten, unbemalten Kopf. Schneide überstehende Ränder ab!

Rennplatz

1 Schneide die Form für das Gras der Vorlage nach aus grünem Filz aus. Am besten misst du vorher die Innenseite der Metalldose aus! Klebe den Filz in die Dose.

2 Übertrage die Straßenvorlage auf den grauen Filz und klebe sie auf den Rasen. Verziere die Straße mit weißer Acrylfarbe.

3 Schneide aus Stoffresten Häusschen, Ampeln oder Bäume aus und kleben sie auf.

4 Falte den Filzrasen so zusammen, dass er in die Dose passt. Leg auch das Auto mit hinein und fertig ist deine Überraschungsbox!

Witzige Weihnachtsgrüße

... von mir und vom Nikolaus!

Material:

- 2 Nikolausmützen
- 2 Nikolausbärte
- Passfotos
- Fotokarton in Gold, A4
- Acryllack in Bordeaux
- feiner Haarpinsel
- Alleskleber
- Schere

1 Schnapp dir deinen Bruder oder deine Schwester, einen Freund oder eine Freundin. Verkleidet euch als Nikoläuse und macht einen Ausflug zum nächstgelegenen Passbildautomaten. Viel Spaß dabei!

2 Koloriere die Bilder zu Hause nachträglich mit bordeauxrotem Acryllack. Verdünne den Lack mit Wasser, das gibt den Fotos einen besonders schönen Effekt.

3 Schneide vier 7 cm breite und 14 cm lange Streifen aus dem goldenen Fotokarton aus. Falte sie in der Mitte, damit 7 cm x 7 cm große Klappkärtchen entstehen.

4 Sobald der Lack auf deinen Passfotos getrocknet ist, kannst du die Bilder auseinanderschneiden. Klebe sie mit Alleskleber auf die Vorderseite der Klappkärtchen. Und wem wirst du nun diese Nikolaus-Grüße schicken?

TIPP

Besonders wirkungsvoll sind übrigens Schwarz-Weiß-Bilder. Denn dann kommen deine nachträglich kolorierten Stellen richtig gut zur Geltung!

Selbstbedrucktes Geschenkpapier

… so wird schon die Verpackung zu einem Geschenk!

Material:

- Skizzenpapier in Braun, 50 cm x 70 cm
- Kartonrest in Grau
- Moosgummirest
- Acrylfarbe in Gelb, Orange, Rot, Pink, Rosa, Hellgrün, Olivgrün, Türkis, Taubenblau und Dunkelblau
- Borstenpinsel
- doppelseitiges Klebeband
- Schere

1 Fertige zuerst aus dem Moosgummi deine Stempel an. Alle möglichen Formen sind denkbar.

2 Hier wurden ein kreisförmiger und ein sternförmiger Stempel verwendet: Schneide dazu einen Kreis (ø 8 cm) und einen Stern (ø 4 cm) aus dem Moosgummirest aus.

3 Klebe deine Moosgummiformen jeweils mit doppelseitigem Klebeband auf ein zurechtgeschnittenes Stück Karton.

4 Bestreiche den Kreisstempel mit weißer Acrylfarbe und drucke ein Muster deiner Wahl auf den Papierbogen.

5 Sobald die weiße Farbe gut getrocknet ist, sind die bunten Kreise dran! Wische die weiße Farbe von deinem Stempel und trage eine andere Farbe mit dem Pinsel auf.

6 Jetzt kannst du mit bunter Acrylfarbe über die weißen Kreise drucken. Es sieht besonders schön aus, wenn du die Kreise etwas versetzt übereinander druckst.

7 Nimm den Sternstempel und drucke mit der goldenen Farbe so viele Sterne wie du magst in die freien Stellen zwischen deinen Kreisen. Trocknen lassen und Geschenke einpacken!

TIPP

Dir fallen sicher noch unendlich viele kunterbunte Geschenkpapiermuster ein. Wie wäre es mit einem großen und einem kleinen Kreis oder mit Mini-Dreiecken, die rund um die Kreise gestempelt werden? Probiere einfach aus, was dir am besten gefällt!

Einzigartige Geschenkanhänger

Für unverwechselbare Geschenke

Material:

- Wollfilzrest in Senfbraun und Altrosa, 10 cm x 25 cm
- Stickgarn in Dunkelrot und Mittelblau, ca. 70 cm lang
- Sticknadel
- Textilband in Bunt gestreift, 1 cm breit, 11 cm lang
- Kreide in Weiß
- Fineliner
- Alleskleber
- Stoffschere

Vorlagen Seite 122

1 Übertrage die Vorlage der Sternschnuppe zweimal auf den Filzrest und schneide sie aus. Benutze Kreide zum Übertragen, die kannst du hinterher wieder aus dem Filz herausreiben.

2 Schreibe mit einen Fineliner den gewünschten Namen auf eine der Sternschnuppen. Am besten, du schreibst den Namen recht groß und nicht zu verschnörkelt – das erleichtert das Nachsticken!

3 Fädle das Stickgarn auf die Sticknadel. Mache einen Knoten in das Fadenende. Stich auf der Rückseite (die Seite ohne Namenszug) in den Filz ein, und stich genau dort wieder aus, wo der Schriftzug beginnt.

4 Folge mit der Nadel dem Schriftzug und sticke so nach und nach den Namen. Mache auf der Rückseite eine engen Knoten, sobald der Name fertig ist.

5 Klebe das Textilband mit einem Tropfen Alleskleber zu einer Lasche zusammen und positioniere es am Sternschnuppenrücken.

6 Wenn du die zweite Filzsternschnuppe auf die Rückseite deiner ersten Sternschnuppe klebst, kannst du die Lasche und den verknoteten Garnfaden gut verstecken! Überlege aber zuerst, welche Seite du mit Alleskleber bestreichen musst!

7 Zuerst noch die Sternschnuppen aneinanderdrücken, trocknen lassen und fertig ist dein Geschenkanhänger!

MAMA
LOTTA

Vorlagen

Mobile
Seite 48 / 49

Spieldecke
Seite 10 / 11

Wunschzettelbriefkasten

Seite 12 / 13

Filzbaum

Seite 14 / 15

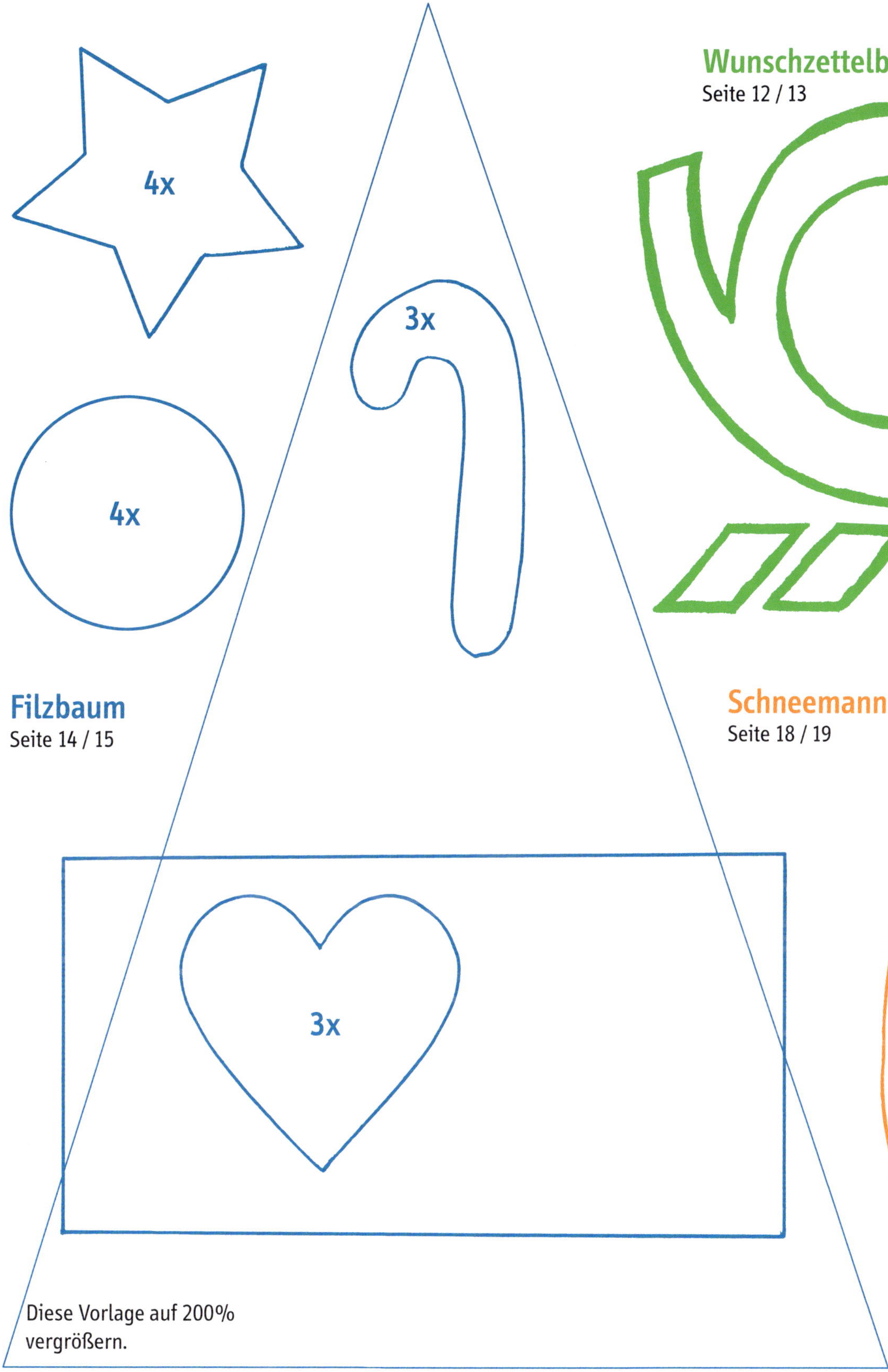

Diese Vorlage auf 200% vergrößern.

Schneemann-Tennis

Seite 18 / 19

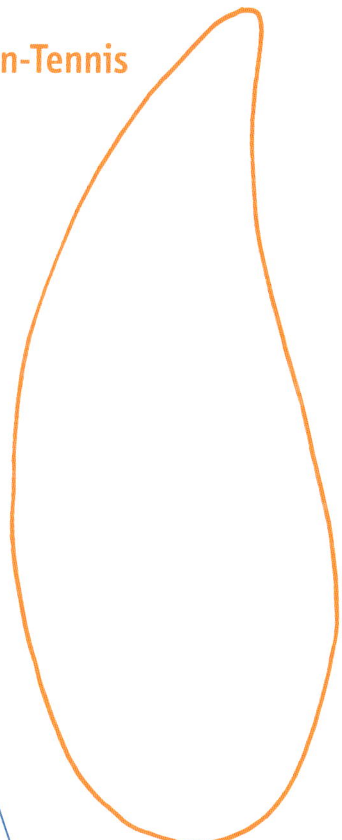

Vorlagen

Weihnachtskronen

Seite 24 / 25

Vorlagen auf 200% vergrößern.

Nikolausstiefel

Seite 16 / 17

Vorlage auf 200% vergrößern.

Schneebälle & Schneeman

Seite 26 / 27

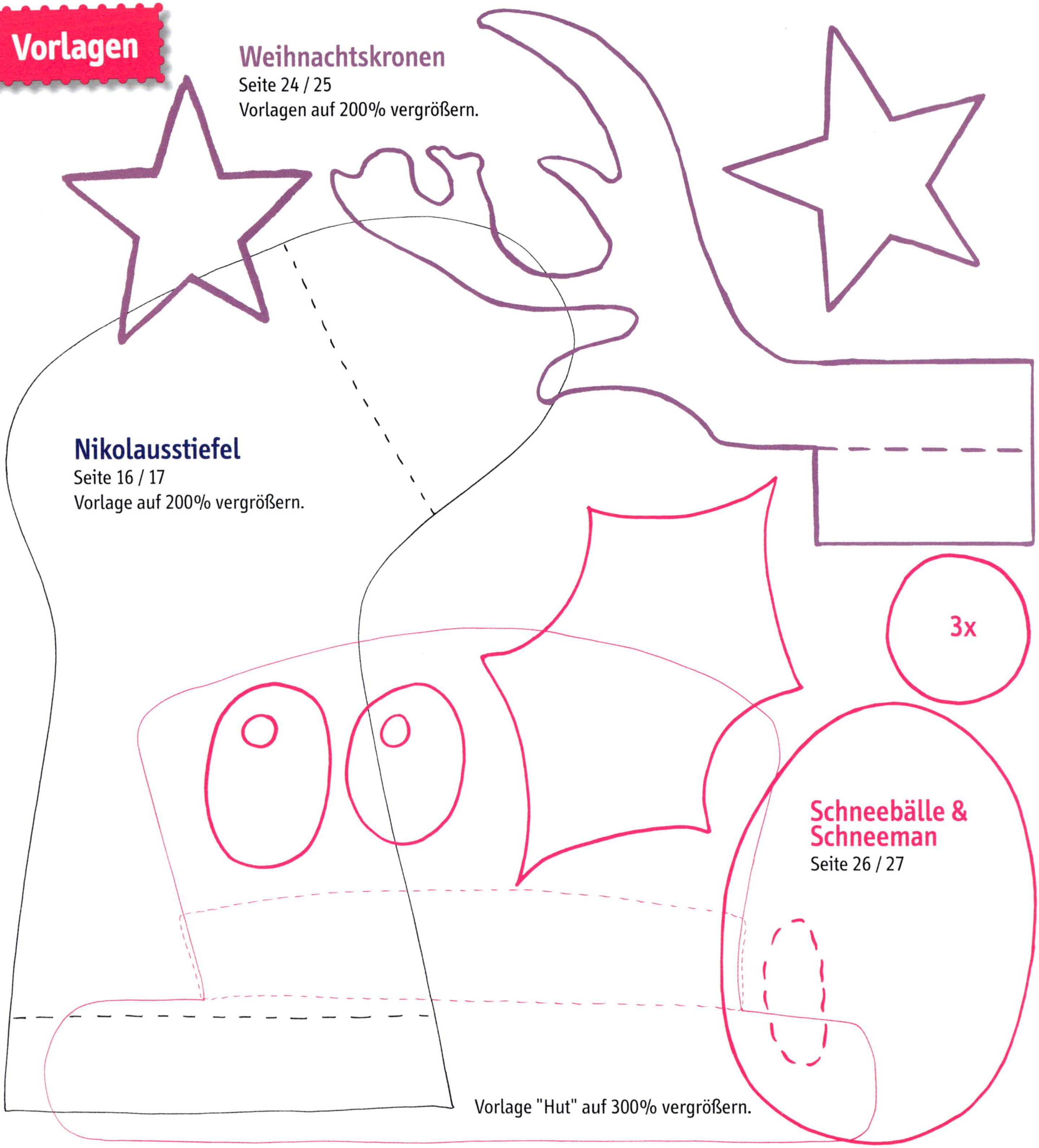

Vorlage "Hut" auf 300% vergrößern.

Mühle im Säckchen

Seite 20 / 21

Schüttelbilder

Seite 30 / 31

Vorlage auf 200% vergrößern.

Bart vom Weihnachtsmann

Seite 38 / 39

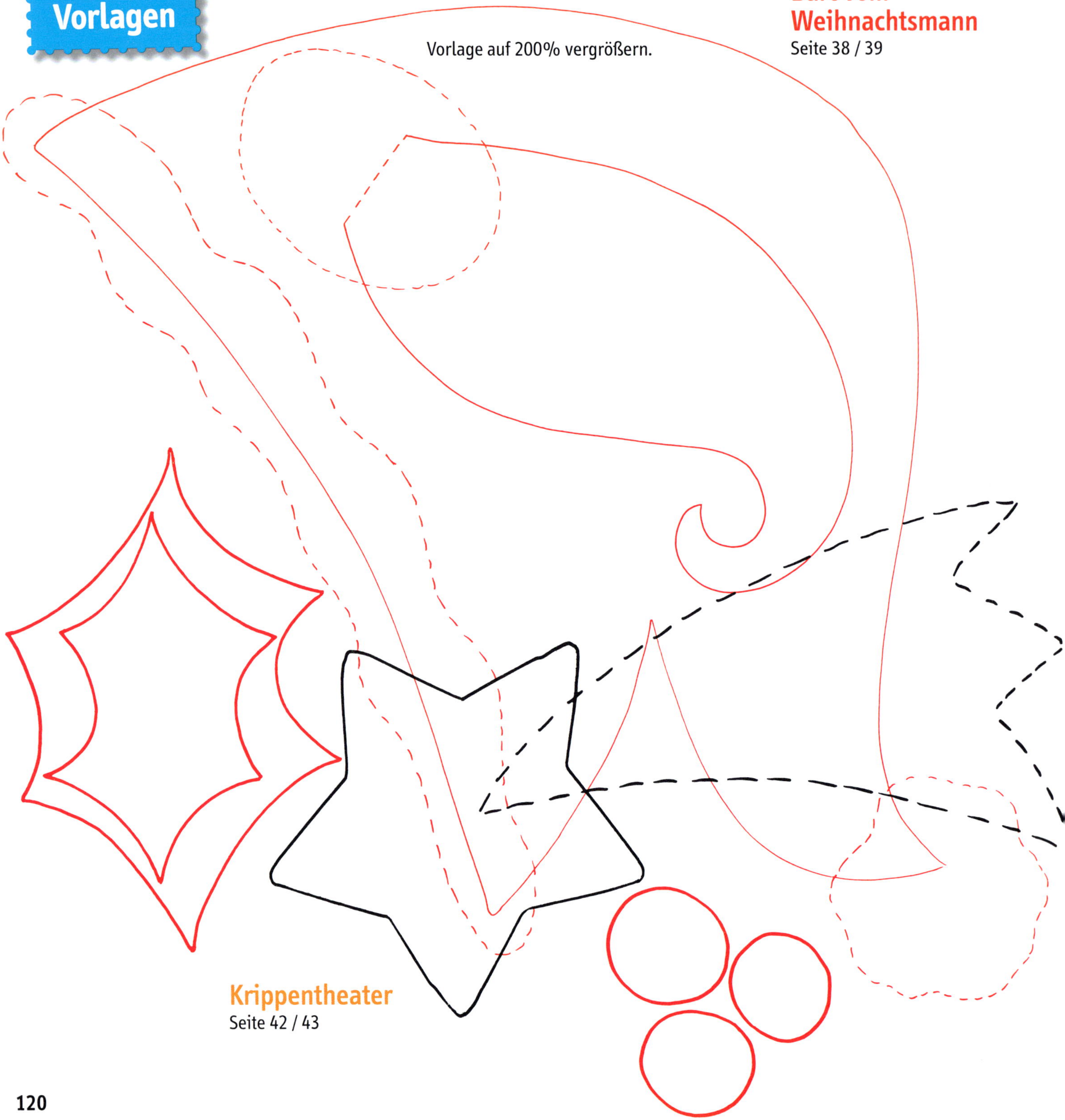

Krippentheater

Seite 42 / 43

Krippentheater

Seite 42 / 43

Vorlagen

Mobile
Seite 48 / 49
Geschenkanhänger
Seite 114 / 115
Sternengirlande
Seite 56 / 57
Nussschälchen
Seite 82 / 83
Weihnachtsboten
Seite 58 / 59
Funkelnde Kerzen
Seite 52 / 53

Weihnachtliche Wimpel

Seite 70 / 71

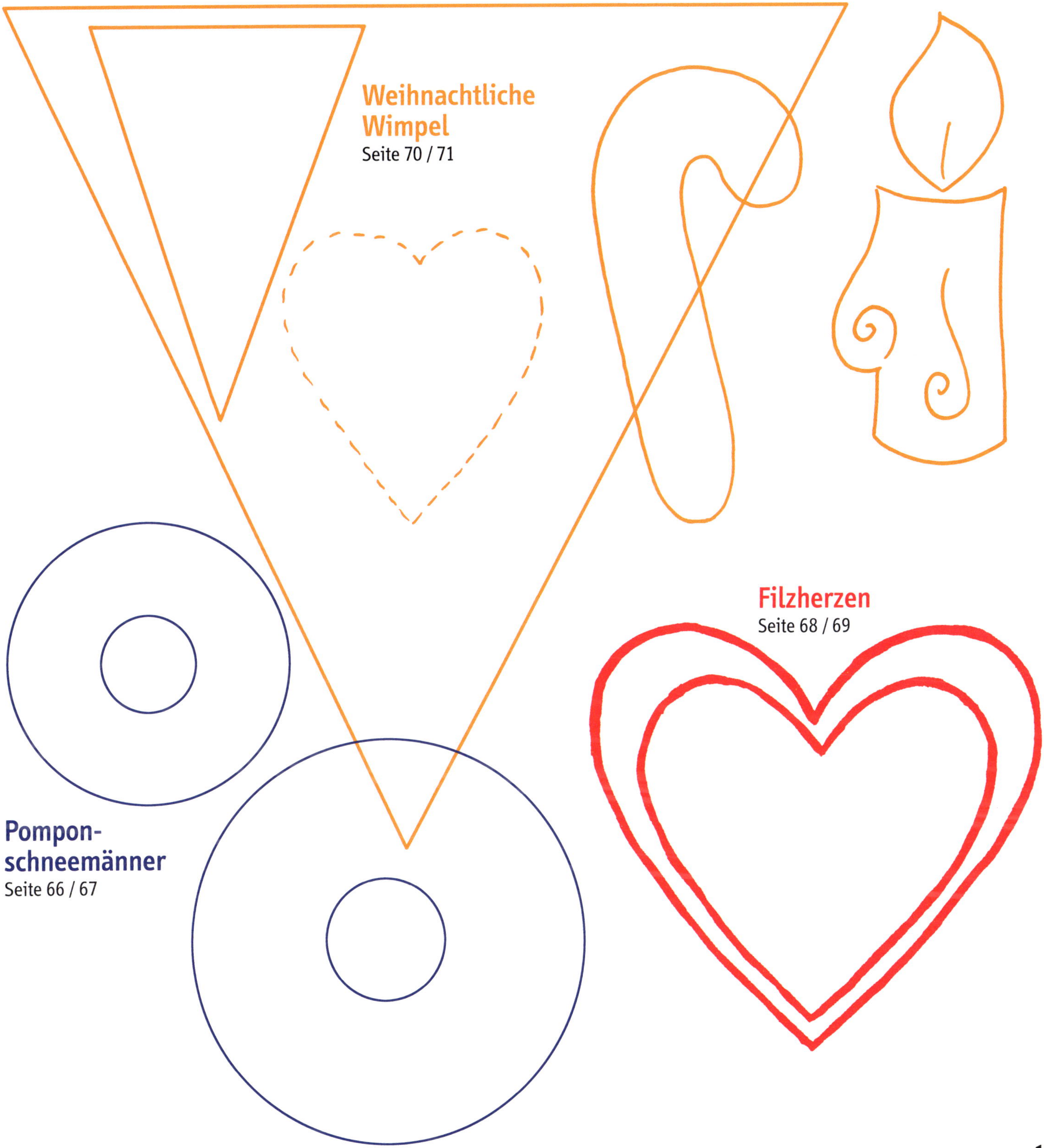

Filzherzen

Seite 68 / 69

Pompon-schneemänner

Seite 66 / 67

Vorlagen

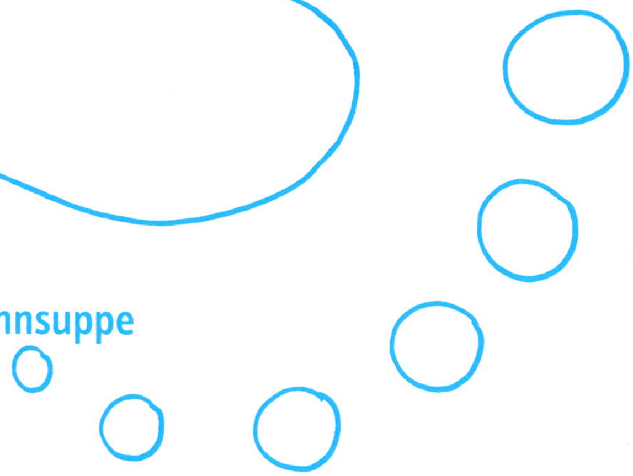

Lieblingspüppchen
Seite 100 / 101

Schneemannsuppe
Seite 80 / 81

Handbedruckte Karten
Seite 92 / 93

Überraschungs-Kistchen
Seite 108 / 109

Bestempelte Jutetaschen
Seite 94 / 95

Kuschelkissen

Seite 104 / 105

Buchtipps für dich

Noch mehr Bastelideen für die Vorweihnachtszeit und graue, langweilige Wintertage findest du in diesen Büchern:

TOPP 5732
ISBN 978-3-7724-5732-6

TOPP 5767
ISBN 978-3-7724-5767-8

TOPP 5749
ISBN 978-3-7724-5749-4

TOPP 5747
ISBN 978-3-7724-5747-0

TOPP 5197
ISBN 978-3-7724-5197-3

TOPP 5839
ISBN 978-3-7724-5839-2

TOPP 5824
ISBN 978-3-7724-5824-8

TOPP 3990

ISBN 978-3-7724-3990-2

TOPP 3863

ISBN 978-3-7724-3863-9

TOPP 3926

ISBN 978-3-7724-3926-1

TOPP 5718

ISBN 978-3-7724-5718-0

TOPP 5783

ISBN 978-3-7724-5783-8

TOPP 5715

ISBN 978-3-7724-5715-9

TOPP 5714

ISBN 978-3-7724-5714-2

TOPP 5795

ISBN 978-3-7724-5795-1

Autoren

Birgit Kaufmann

lebt zusammen mit ihrem Mann und ihrer Tochter Ronja in der Nähe von Regensburg. Schon als Kind hat sie gebastelt, gesägt und gehämmert. Heute arbeitet sie im Kindergarten und kann ihre kreativen Ideen immer gleich mit Kindern ausprobieren.

Pascale Lamm

lebt und arbeitet als freischaffende Künstlerin in Köln. Seit ihrem Studium in den Niederlanden verwirklichte sie unzählige Ideen und Ausstellungen. Außerdem entwickelt sie Kinderbücher, arbeitet als Grafikerin und leitet Workshops und Kunstprojekte für Kinder und Jugendliche.

Impressum

Unser Service für Sie:

Wenn Sie Fragen zu den Anleitungen in diesem Buch haben, schreiben Sie einfach eine E-Mail an: mail@kreativ-service.info.
Wir helfen Ihnen gerne weiter.

Modelle:

Birgit Kaufmann (S. 10/11, 14/15, 16-19, 26-29, 30-33, 38/39, 42/43, 46/47, 52/53, 60-63, 66/67, 70-73, 76/77, 80/81, 84/85, 92/93, 98-101, 104/105, 108/109) und Pascale Lamm (12/13, 20-25, 36/37, 48-51, 54-59, 64/65, 68/69, 82/83, 86-89, 94-97, 102/103, 106/107, 110-115)

Fotos: frechverlag GmbH, 70499 Stuttgart; lichtpunkt, Michael Ruder, Stuttgart
Arbeitsschrittbilder: Birgit Kaufmann (S. 4-7, 10, 14, 16, 18, 26, 28, 30, 32, 38, 42, 46, 52, 58, 60, 62, 66, 70, 72, 76, 80, 84, 92, 98, 100, 104, 108) und Pascale Lamm (12, 20, 22, 24, 36, 48, 50, 54, 56, 58, 64, 68, 78, 82, 86, 88, 94, 96, 102, 106, 110, 112, 114)
Konzept und Produktmanagement: Angela Vornefeld
Lektorat: Angelika Sust und Angela Vornefeld
Layout und Illustrationen: Isabel Große Holtforth, München
Satz: Katrin Röhlig
Druck: Himmer AG, Augsburg

Wir bedanken uns bei den Firmen Efco (Rohrbach), Heyda (Heilbronn), Knorr-Prandell (Lichtenfels), Marabu (Tamm), Marpa Jansen (Mönchengladbach), Rayher (Laupheim), Westfalenstoffe (Münster) und Wollknoll (Oberrot-Neuhausen) für die großzügige Unterstützung mit Material.

1. Auflage 2013

Printed in Germany

Best.-Nr. 5790
ISBN: 978-3-7724-5790-6